입시
공부법의
정석

서울대는 머리가 아니라 간절함과 전략으로 간다
입시공부법의 **정석**

초 판 1쇄   2018년 09월 18일
초 판 2쇄   2023년 06월 19일

지은이 김경모
펴낸이 류종렬

펴낸곳 미다스북스
본부장 임종익
편집장 이다경
책임진행 김가영, 신은서, 박유진, 윤가희, 정보미

등록 2001년 3월 21일 제2001-000040호
주소 서울시 마포구 양화로 133 서교타워 711호
전화 02) 322-7802~3
팩스 02) 6007-1845
블로그 http://blog.naver.com/midasbooks
전자주소 midasbooks@hanmail.net
페이스북 https://www.facebook.com/midasbooks425

© 김경모, 미다스북스 2018, *Printed in Korea*.

ISBN 978-89-6637-603-2 13370

값 15,000원

서울대는 머리가 아니라 간절함과 전략으로 간다

입시 공부법의 정석

김경모 지음

미다스북스

전교 꼴찌, 축구선수는
어떻게 서울대에 합격할 수 있었을까?

입시의 성패는 머리가 아니라 간절함과 전략에 달려 있다

대한민국에서 운동선수로 살아가고 성공한다는 것은 하늘의 별따기만큼 힘들다. 우리나라 엘리트 스포츠 교육 시스템은 철저히 성과 위주로 작동한다. 지도자들은 당장 팀을 우승시키는 것이 중요하기에 선수들은 어릴 때부터 혹독하게 훈련을 받고 시합도 많이 뛴다. 그렇게 해서 좋은 성과를 낸다고 하더라도 선수들은 나이가 들수록 부상에 노출이 많이 된다. 한때 최고였던 선수들도 갑작스러운 부상으로 운동선수의 삶을 그만두는 경우가 허다하다. 부상이 잦다 보니 선수 수명도 평균적으로 낮을 수밖에 없다.

내가 운동을 할 때까지만 해도 운동선수는 수업에 들어가지 않았다. 시험기간 때만 가서 시험지도 보지 않고 답만 체크하고 나와서 운동장으로 바로 갔다. 지금은 수업에 들어간다고 하지만 대부분은 수업시간에 자거나 논다. 그중에 극소수의 운동선수들만 운동을 하면서 공부도 열심히 한다. 이런 구조다 보니 운동선수에 대한 대부분 우리나라 사람들의 인식은 좋지 않다.

'무식하고, 머리도 나쁘겠지. 예의도 없는 건 당연하지!'

성공할 확률이 그 어떤 분야보다 낮음에도 불구하고 운동선수들은 운동하는 데만 본인의 10대와 20대를 바친다. 가장 심각한 문제는 운동을 그만두고 난 후의 삶이다. 아무런 준비가 없는 상태에서 운동을 그만두다 보니 할 수 있는 것이 극히 제한적이다. 운동선수들은 일정 시기가 되면 본인이 운동선수로 성공할 수 없다는 것을 알게 된다. 그런데 운동을 그만둔 후에 무엇을 해야 할지 모른다. 막막한 미래가 두렵기 때문에 그만두지도 못한다. 그 두려움이 미련으로 남아 '한 번만 더 열심히 해보자!'라는 마음이 생겨 열심히 해보지만 악순환이 반복된다. 소중한 청춘의 시간만 그저 흘러갈 뿐이다. 이러한 현실을 적나라하게 보여준 TV프로그램이 3년 전에 방송되었던 〈KBS 청춘FC-헝그리 일레븐〉이다.

남자들은 군대 문제도 심각하다. 운동선수가 일반 군대로 입대를 한다는 것은 운동선수로서의 삶을 포기하는 것이다. 그래서 운동선수들은 국제시합에서 금메달을 따서 면제를 받아야 운동선수로 성공할 수가 있다. 하지만 국제시합에서 금메달을 따는 것이 어디 쉬운 일인가? 우선 국가대표로 선발되는 것부터 힘들다. 축구만 봐도 전국에 축구선수는 수만명인데 국가대표 엔트리는 23명만 뽑는다. 국가대표로 뽑혔다고 해도 금메달을 딴다는 보장이 없다. 대한민국 최고의 선수인 손흥민의 경우에도 여러 가지 이유로 군대 문제가 해결이 안되다가 우여곡절 끝에 2018년 아시안게임에서야 비로소 금메달 획득으로 군면제가 결정되었다.

나도 어렸을 때는 세계 최고의 축구선수가 되는 것이 꿈이었다. 하지만 이러한 엘리트 스포츠 교육 시스템의 실체를 알고 나서 중학교 2학년때 축구를 과감하게 그만두었다. 축구를 그만두고 일반 학생으로 돌아오니 주변의 모든 사람들이 무시하고 비아냥거렸다.

"축구선수가 무슨 공부를 하냐? 머리에 든 것은 있냐? 차라리 다시 축구하러 돌아가라!"

나는 이 말들을 듣고 다짐했다.

"대한민국 운동선수에 대한 편견을 내가 깨야겠다! 축구선수도 공부할 수 있다는 것을 반드시 보여주마!"

책상에 앉는 것조차 어렵던 전교꼴찌, 축구선수! 입시에 인생을 걸다!

하지만 축구를 하느라 공부를 해본 적이 없었기에 책상에 앉아 있는 것부터 고통이었다. 수업내용을 이해하는 것은 그 다음 문제였다. 나는 독하게 마음을 먹었다.

"이제 나에게 남은 것은 공부밖에 없다. 나는 남들과 상황이 다르다. 그들은 그냥 공부를 할지 몰라도 나는 생존을 위해 공부를 하는 것이다."

말 그대로 살기 위해서, 목숨 걸고 공부했다. 나는 밑바닥부터 공부를 시작했다. 책의 내용을 이해하는 것보다 책상에 앉는 습관부터 잡아야 했고, 아주 기초적인 영어단어부터 공부했다. 그런 다음 학교 수업을 열심히 듣고 필기하고 내 것으로 만들었고 모르는 것은 학교 선생님들한테 질문하고 해결했다. 처음 공부할 때는 기초가 너무 없어 학교 진도를 따라가는 것이 힘들었기에 학원을 활용해서 부족한 부분을 보완했다. 그렇게 4개월 동안 공부를 했는데 예상외로 성적이 잘 나왔다. 드디어 공부에 대한 자신감이 생겼다. 암흑 속에서 희망을 발견한 것이다.

중학교 3학년 때부터 나는 학원도 그만두고 본격적으로 자기주도 학습을 시작했다. 학교 수업을 따라가는 것만으로도 시간이 부족했고, 공부는 혼자 해야 한다는 것을 깨달았기 때문이다. 모든 공부 계획과 스케줄은 학교 수업 중심으로 돌아갔다. 부족한 부분은 인터넷 강의로 보충했다. 처음에는 혼자 공부를 하는 것이 쉽지 않고 시행착오도 많았지만 시간이 지날수록 공부 시스템이 구축되었다. 그 결과 자기주도 학습을 시작한 지 1년도 안 돼서 나는 전교 3등으로 중학교를 졸업했다. 축구선수도 공부를 잘할 수 있다는 것을 만천하에 증명한 것이다.

그리고 나는 고등학교 입학 전에 '서울대학교' 입학을 목표로 했다.

"한 번뿐인 인생, 어차피 3년 동안 해야 하는 공부! 최고를 목표로 하자."

서울대학교를 목표로 두자 주변 사람들은 물론이고 아버지조차도 내게 미쳤다고 했다. 하지만 주위 사람들의 말에 흔들리지 않았다. 그럴수록 목표를 이루고자 하는 욕구는 더욱 강해졌다. 고등학교 3년 동안 나는 공부에 모든 것을 걸었다. 중학교 때 하던 정도의 노력으로는 서울대 합격은커녕 전교 1등도 할 수 없었다. 목표가 대한민국 최고이므로 거기에 걸맞은 노력을 했다. 평일에는 아침부터 밤까지 수업을 듣고 야간 자율학습을 했다. 주말에도 학교 자습실에 나와서 아침부터 밤까지 공부했다. 수업 사이에 있는 쉬는 시간, 점심시간, 저녁시간에도 공부했다. 심지어 명절 연휴에 큰집에 가서도 근처 독서실에서 공부했다. 명절 당일에 제사, 차례를 지내고 집에 오면 바로 학교 자습실에 가서 공부했다. 나는 서울대 합격을 위해 내가 가장 좋아했던 컴퓨터 축구게임도 단호하게 끊었다. 실전 축구시합도 특별한 경우가 아니면 하지 않았고, 사랑도 포기했다.

나는 남들보다 5년은 뒤처졌기에 이렇게 노력을 해도 될까말까라고 생각했다. 그렇게 생각을 해도 힘든 순간은 수시로 찾아왔다. 죽도록 노력했는데도 그만큼 성적이 안 나올 때는 정말이지 가장 힘들었다. 이전보다 더 열심히 했는데 성적이 오르기는커녕 오히려 떨어질 때는 정말 살고 싶지 않았다. 포기하고 싶은 마음이 수백 번 솟구쳐 올랐다. 하지만 그럴수록 나는 마음을 다잡고 내가 부족한 부분을 찾아내고 보완했다. 잘못된 방법으로 공부를 했다면 되는 방법을 찾아서 그 방법으로 바꾸었다. 나는 힘들고 어려울 때마다 이렇게 되뇌었다.

"최후의 승자는 마지막까지 알 수 없다. 어떻게든 마지막에 서울대에 합격하면 모든 것이 바뀐다. 더 버티고 더 노력하자. 나는 최후의 승자가 될 것이다!"

4년 4개월 만에 서울대 합격한 입시공부의 바이블!

4년 4개월간의 목숨을 건 노력 끝에, 나는 마침내 서울대에 합격했다. 이 책을 통해 여러분은 전교 꼴찌, 축구선수가 어떻게 서울대 합격을 했는지에 대한 스토리와 입시공부법의 모든 노하우를 생생하게 보고 배울 수 있을 것이다.

꿈과 목표를 설정하는 방법, 입시전략을 세우고 계획을 짜고 로드맵을 마련하는 방법, 과목별·학년별·시험별 공부법, 시험에 대비하는 심리와 태도, 아울러 공부하는 환경을 마련하는 방법까지 전부!

수학의 바이블이 『수학의 정석』이었다면 이 책은 앞으로 대한민국 입시공부의 바이블이 될 것이다. 입시교육을 넘어 대한민국 엘리트 스포츠 교육 시스템을 바꾸는 데 큰 방향을 제시하는 책이 될 것이다.

이 책은 단순히 축구선수가 서울대에 합격한 이야기가 아니다. 27년 내 인생의 정수가 이 한 권의 책에 모두 담겨 있다. 나는 이 책을 정확하게 일주일 만에 다 썼다. 서울대 합격을 위해 공부했던 그 간절함과 열정으로 일주일간 밤을 새며 오직 이 책을 썼다. 참고로 나는 중, 고등학교 때 심지어 대학교 때도 공부하기 위해 밤을 새워본 적이 단 한 번도 없다.

이 책을 다 읽는 순간 여러분들은 주위 사람들의 시선이 두려워 생각조차 안 해본 여러분의 진짜 꿈과 목표를 찾게 될 것이다. 또한 그것을 이루기 위한 전략, 방법을 배우고 누구나 포기만 하지 않으면 꿈을 이룰 수 있다는 것을 깨닫게 될 것이다.

27년 동안 한결같이 나를 믿어주시고 응원해주시고 내가 하는 모든 선택을 존중해주신 분이있다. 그분은 내가 꿈과 목표에 집중할 수 있게 지원을 아끼지 않으신 세상에서 가장 사랑하고 존경하는 나의 아버지다. 아버지께 내가 누리는 모든 영광과 기쁨을 돌려드린다.

2018년 가을 김경모

추천사

01. 축구는 1등, 공부는 꼴찌였던 저자의 서울대 합격은 단순히 운이나 기적으로 이루어진 게 아니다. 저자는 이 책을 통해 보통 학생들에게 통하는 자신만의 공부전략과 비법을 자세히 알려준다. 그동안 공부를 잘하고 싶어 열심히 공부를 했지만 방법을 몰라 성적이 오르지 않아 고민하는 수험생과 학부모에게 꼭 추천해 주고 싶은 책이다.

– 오민아(생각코딩 학습코칭센터 대표)

02. 35년 동안 학생들을 지도하고 교육한 제자 중에 저자만큼 꿈과 열정으로 가득 찬 사람은 없었다. 저자가 축구선수일 때부터 서울대 합격할 때까지 모든 과정을 가까이서 지켜봤기에 수험생, 학부모 뿐만 아니라 교사, 학원관계자 모든 분들에게 행복한 마음으로 감히 추천한다. 이 책은 대한민국 수험생들의 입시와 공부에 등불이 되어줄 것이다.

– 이재옥(함안 군북중학교 교장)

03. 축구선수였던 저자는 수많은 실패를 극복하고 서울대학교에 합격했다. 이 책은 공부에 대한 패러다임을 바꿔준다. 책상에 앉아서 열심히 공부하기 이전에 맞춤형 입시전략을 수립하고 암기와 문제풀이 대신 이해와 응용중심의 공부를 해야 한다고 강조한다. 지방에서는 힘든 서울대 합격의 꿈을 현실로 이루어 줄 책이다. **– 강태영(해법에듀 부산지사장)**

04. 저자는 서울대 재학 중에도 꿈과 열정을 가지고 매사에 최선을 다했다. 그때부터 훗날 각자의 위치에서 대한민국 엘리트 스포츠 교육시스템을 바꿔보자는 다짐을 했던 기억이 난다. 그 헌신과 노력의 결과물이 이 책이기에 저자가 진심으로 자랑스럽다. 이 책이 대한민국 입시교육은 물론이고 엘리트 스포츠 교육 시스템의 변화에 발전적인 영향력을 끼칠 것이라고 확신한다. **– 황대호(10대 경기도 의회 최연소 의원)**

05. 이제는 체대를 가려고 해도 운동만 잘해서 되지 않고 공부도 함께 잘해야 하는 시대다. 대한민국 최고의 체대인 '서울대학교 체육교육과'를 졸업한 저자의 책이 대한민국 체대생들이 공부에 대한 방향을 잡고 꿈과 직업을 업그레이드 하는데 큰 도움이 될 것이다.

– 홍동호(맥시멈 체대입시 대표/망고키즈 수영장 대표이사)

CONTENTS

1장

축구선수 출신, 전교 꼴찌는 어떻게 서울대에 합격했을까?

2장

입시공부에 대한 편견 깨부수기

3장

입시공부법의 핵심은 전략 수립부터다

4장

서울대 합격생의 1% 공부법

5장

서울대는 머리가 아니라 간절함과 전략으로 간다

입시공부 핵심 정리 노트

1장

축구선수 출신, 전교 꼴찌는
어떻게 서울대에 합격했을까?

01 나는 무조건 축구선수가 될 줄 알았다

최고의 축구선수에서 체육교사가 된 아버지

나의 어렸을 적 꿈은 세계 최고의 축구선수였다. 박지성, 손흥민처럼 유럽 최고의 무대를 누비고 대한민국을 대표해서 월드컵에 나가는! 유럽 챔피언스리그와 월드컵 우승을 상상만 해도 가슴이 벅차올랐다. 내가 축구선수를 꿈꾸게 된 것에는 아버지 영향이 컸다.

1970년대에는 진학할 중학교가 추첨으로 결정됐다. 아버지는 부산 해동중학교에 당첨되었다. 체육시간에 달리기도 잘하고 신체조건도 좋았다. 축구부 감독이 아버지를 스카우트해 아버지의 축구선수 생활이 시작되었다. 아버지는 근력과 스피드가 남들보다 월등했고 축구실력과 센스까지 좋았다. 지역 마라톤 대회에서 항상 1위를 할 만큼 지구력까지 뛰어났다.

아버지는 부산 동아고등학교에 진학했다. 1학년이었음에도 불구하고 3학년 주전경기를 뛰었다. 고등학교 3학년 때 전국 대통령배에 참가했는데 준결승전 1:1 상황에서 연장 전반, 아버지가 골든골을 넣어 동아고등학교는 결승에 진출했다. 결승전에서는 1:0으로 이겨 아버지는 전국 대통령배 우승을 이끌었다.

▲ 선수시절 아버지의 모습

이 이야기는 아버지 고등학교 동기 모임에 가면 아버지 친구분들이 항상 해주는 이야기이다. 당시 전교생이 준결승전을 라디오 방송으로 듣고 있었는데 결승 진출을 하자 학교에 건의해서 단체로 버스를 타고 결승전 응원을 하러 서울로 갔다고 한다. 결승전 때 응원의 열기는 2002년 월드컵과 비교할 수 있을 정도였다고 한다. 40년이 지난 지금도 아버지 친구분들은 당시의 상황과 감동을 잊지 않고 있는 것이다.

전국대회 우승 후, 아버지는 청소년 국가대표 부산지역 최종 엔트리에 뽑혔다. 아버지는 유일하게 모든 경기를 뛰었지만 최종엔트리에서는 탈락했다. 아버지보다 실력이 부족한 다른 선수가 최종 엔트리에 뽑혔다. 그 선수는 집에 돈이 많았고 그 선수 아버지는 축구협회 쪽으로 빽이 있었다. 당시 연·고대에서 아버지를 스카우트하려고 했다. 하지만 아버지는 동아대학교로 진학했다. 당시 동아고등학교 감독이 동아대학교 축구팀을 맡게 되면서 아버지를 함께 데려간 것이다.

축구 실력이 전국 최강이었고 대한민국을 빛낼 축구선수가 될 수 있었음에도 돈 없고 '빽' 없어 국가대표의 꿈을 이룰 수 없었던 아버지! 아버지는 축구선수로는 더 이상 성공하기 힘들다고 판단해 대학교 3학년 때 축구를 그만두었다.

아버지는 축구를 그만두고 휴학신청을 하고 특전사 부사관에 지원해서 군생활을 했다. 80년대, 전두환 대통령 시대 특전사 훈련은 지금과는 비교도 안 될 정도로 힘들었다고 한다. 군생활이 끝날 때쯤에 많은 사람들이 군생활을 계속 하라고 아버지를 설득했다. 아버지는 특전사 중에서도 실력이 최고였고, 당시에 군인은 장기복무가 잘 되어서 지금보다 더 좋은 조건으로 근무할 수 있었다. 하지만 아버지는 군대에는 미래가 없다고 판단했다. 4년 6개월간의 군생활을 마치고 복학하고 졸업해서 회사생활을 시작했다.

회사생활을 하고 있는 와중에 아버지는 축구코치 제안을 받았다. 창녕 남지중학교에서 축구부를 새로 창단하는데 축구코치가 필요하다는 것이었다. 당시 아버지의 고등학교 5년 선배가 남지중학교 서무과장을 맡고 있었다. 그분은 아버지 고등학교 은사님께 축구선수 출신, 체육교사 자격증이 있는 후배를 알아봐달라고 부탁을 했는데, 은사님께서 아버지를 추천한 것이었다. 아버지는 축구선수 출신에 동아대 체육교육과를 졸업해서 체육교사 자격증을 가지고 있었다.

아버지는 축구코치뿐만 아니라 교사까지 시켜주면 가겠다고 하셨다. 남지중학교에서 아버지의 제안을 수락해 교사를 할 수 있게 해준다고 했다. 아버지는 축구코치와 체육교사로서 새로운 삶을 시작하셨다. 바로 이곳에서 내가 태어났다.

전국 최고 축구팀, 마산 합성초등학교에서 축구선수 생활을 시작하다

아버지는 내가 태어나기 전부터 나를 축구선수로 키우려는 계획을 세우셨다고 한다. 나는 3살 때부터 아버지를 따라 남지중학교와 남지조기회에서 축구를 했다. 아버지께서는 남지중학교 코치뿐만 아니라 남지조기회 감독까지 맡으셨다. 남지조기회는 40여 년이 넘는 전통을 가지고 있는 축구팀이다. 아버지는 남지조기회 감독으로 회원들의 축구실력, 팀의 전력을 끌어올렸음은 물론이고 수많은 우승을 이끌었다. 나 또한 군생활 때 남지조기회 소속으로 시합에 나가 몇 차례 우승에 힘을 보태기도 했다.

어린 시절의 나는 축구가 그 어떤 것보다 재미있었다. 하루 종일 축구에 미쳐 있었다. 당연히 나는 동네에서 축구를 가장 잘하게 되었다. 초등학교 4학년 여름에 친구들과 운동장에서 축구를 하고 있었다. 그때 어떤 남자분이 자기 팀에 들어와서 축구를 할 생각이 없냐고 제안했다. 그 사람은 함안 가야초등학교 감독님이었다. 나는 아버지에게 이 이야기를 전했다. 하지만 아버지는 가야초등학교 감독님에게 연락을 해서 제안을 정중하게 거절했다.

6개월 뒤 아버지는 합성초등학교 축구부 연말행사에 나를 데려가셨다. 아버지는 합성초등학교 감독 선생님과 오래전부터 알고 있었다. 남지중학교는 합성초등학교와 연습경기를 자주 했고, 합성초등학교 선수들도 남지중학교에 진학을 많이 했다. 나는 우연히 그 연말행사에서 게임을 뛰게 되었다. 물론 골도 넣고 상품까지 받았다. 그것을 계기로 나는 합성 초등학교 축구부에서 축구선수로서의 삶을 시작했다. 그때가 2001년 12 월 27일이다.

합성초등학교는 36년의 전통을 자랑하는 전국 최고의 초등학교 축구 팀 중 하나다. 그 중심에는 강상기 감독님이 있다. 강상기 감독님은 1982 년도에 합성초가 창단할 때부터 지도자 생활을 시작해 지금까지 합성초 등학교를 이끌고 있다. 강상기 감독님 지도 아래 합성초 축구부는 전국 대회 우승만 13회 차지했다. 올해도 전국대회 우승과 국제유소년 축구대 회에서 우승을 차지했다. 합성초 축구부에서는 국가대표 5명, 청소년대 표 20명, 주니어대표 30명, 프로선수 43명이 배출되었다. 내가 이러한 전국 최강팀에 들어간 것이다. 하지만 동네에서 축구를 제일 잘했다고 생각했던 나는 합성초에 들어간 뒤 점점 나의 축구실력이 얼마나 부족한 지 깨달았다.

선배, 동기, 후배들과 기본기부터가 달랐다. 비교가 안 될 정도로 부족 했다. 축구를 시작하고 6개월 정도까지 나는 시합을 뛰지 못했고 연습경 기 때 가끔 교체선수로 들어가는 정도였다. 감독 선생님, 코치님과 선배들로부터 많은 가르침을 받았다. 리프팅, 패스, 드리블, 킥, 슈팅, 헤딩은 물론이고 포지션별 움직임과 전술, 전략까지. 그렇게 나는 바닥부터 다시 축구의 기초를 배웠다.

합성초 축구선수로 참여하여 전국대회에서 우승하다!

축구를 한 지 6개월 정도 되었을 때 '지구력, 태클, 투지'가 나의 장점이라는 것을 알게 되었다. 2002년 한일 월드컵이 있기 한 달 전, 군산에서 열린 금석배 전국축구대회에 참가하게 되었다. 나의 장점을 발견하신 감독님께서는 첫 시합에 나를 교체선수로 투입시키셨다. 나는 열심히 뛰었고 얼떨결에 데뷔 골도 넣었다.

우리 팀은 예선을 가볍게 통과했다. 16강에서는 승부차기로 힘겹게 이겨 8강전에 진출했다. 8강전 때는 비가 많이 와서 운동장에 물이 고이는 바람에 진흙탕에서 뛰었다. 수중전은 기술보다는 투지와 집중력이 중요한 경기다. 나는 팀의 승리를 위해 흙탕물인 경기장에서 태클을 넣고 온몸을 던져 공을 막았고, 우리 팀은 4강에 진출했다.

4강전과 결승전에서 나는 시합을 뛰지는 못했지만 경기장 밖에서 목이 터져라 응원했고 우리 팀은 전국대회 우승을 했다. 우승 기념으로 카 퍼레이드도 하고 전교생 앞에서 많은 축하도 받았다. 전국대회 우승 후부터 나는 축구에 자신감이 생겼고 처음 축구를 했을 때보다 축구실력이 많이 늘었다. 그 결과 팀의 주전선수로 자리매김하게 되었다.

초등학교 축구대회의 꽃은 전국소년체전이다. 전국의 모든 초등학교 축구팀들은 전국소년체전 금메달을 가장 큰 목표로 삼는다. 쉽게 말하면 소년월드컵이라고 생각하면 된다. 월드컵 지역예선이 있듯이 소년체전도 16개 시도의 예선전이 있다. 여기서 1위를 한 팀만이 전국대회에 진출을 할 수 있다. 경상남도 지역예선은 3차에 걸쳐서 진행이 되었다. 1차에서는 우리 학교 팀이 우승했고 2차에서는 진주 봉래초등학교가 우승했다. 마지막 3차 예선에서 우리가 진주 봉래초를 2:1로 누르고 극적으로 전국대회 진출권을 얻어냈다.

전국소년체전은 제주도에서 열렸는데 경상남도를 대표해서 전국대회에 나간다는 것만으로도 영광이었고 가슴이 벅찼다. 전국소년체전은 토너먼트로 진행이 되었다. 첫 경기는 김병지 선수가 나왔던 소년의 집. 우리 팀이 전반 초반에 선제골을 넣었고 그것을 지켜 1:0으로 이겼다. 8강전과 4강전은 모두 0:0으로 비겼고 승부차기 끝에 승리를 거두어 결승전에 올라갔다.

금석배와 전국소년체전뿐만 아니라 경남시합에서도 우리 팀은 승부차기에 총 5번 올라갔다. 그런데 승부차기로는 단 한 번도 진 적이 없다. 승부차기 전적이 5전 5승인 것이다. 현재 광주FC에서 골키퍼로 뛰고 있는 제종현 선수 덕분이다. 제종현 선수는 결정적인 순간에 선방을 했을 뿐만 아니라 팀원이 실축하면 오히려 다 막아주었다.

전국소년체전 결승전은 축구선수 기성용 선수가 나온 순천 중앙초등학교와 진행되었다. 강상기 감독님과 순천 중앙초 정한균 감독님은 같은 곳에서 교육을 받으며 축구지도자 자격증을 따셨다. 같은 시기에 각각 마산 합성초, 순천 중앙초로 발령을 받았다. 지금까지도 두 학교는 전국 최고의 팀으로 유지하며 선의의 라이벌로 지내고 있다. 우리 팀과 순천 중앙초는 결승전에서 만날 것을 예상하고 전국소년체전 전부터 연습 경기를 엄청나게 많이 했다. 결승전은 아쉽게 0:1로 졌고 은메달을 땄다. 15년이 지난 지금도 기억에 남고 아쉬움이 있는 시합이다.

전국소년체전 이후에 경남 축구대회 우승, 김해시장기 3위 등 우수한 성적을 거두었다. 축구부 친구들과의 즐겁고 행복한 추억도 많이 만들었다. 합성초등학교 동기들과는 지금까지도 연락하며 만나고 지내고 있다. 초등학교 축구부 생활을 마치고 나는 함안중학교로 진학했다. 이때까지만 해도 나는 축구선수의 꿈을 이루고 살 줄 알았다.

02 중학교 2학년, 유니폼을 벗고 교복을 입다

축구선수의 삶에 회의감이 들다

내가 진학했던 함안중학교는 전국 최고의 시설을 가진 축구부였다. 공설 운동장은 물론이고 인조잔디 구장과 천연잔디 구장까지 있었다. 공설 운동장에 있는 합숙소를 사용해서 합숙시설도 좋았다. 함안군이다 보니 도시에 비해 조용하고 깨끗해서 축구하기에 최적의 환경이었다. 전국에 많은 중학교 축구부들이 함안에 와서 전지훈련을 했다. 창단한 지는 몇 년 안됐지만 전국대회 우승도 몇 번 해서 인지도가 있는 팀이었다.

최고의 시설과 환경에서 축구를 하면서 나에게는 더 큰 꿈과 설렘이 생겼다. 하지만 막상 현실은 기대와 너무나 많이 달랐다. 함안중학교 축구부생활은 지옥이었다. 새벽부터 일어나서 체력운동을 하고 오전, 오후에는 실전훈련을 했다. 어떨 때는 야간 체력운동까지 했다. 한창 성장하고 있는 중학생에게는 가혹한 훈련량이었다. 이제 와서 생각해보면 왜 박지성 선수가 무릎이 상해서 은퇴를 빨리 하게 되었는지 알 것 같다.

하지만 훈련량보다 훨씬 더 스트레스를 준 것은 운동 외적인 부분이었다. 그때 당시 2, 3학년 선배들은 마음에 드는 1학년 후배를 개인 비서처럼 부렸다. 자신들의 각종 심부름을 시켰다. 심부름 종류는 다양했다. 점심이나 저녁시간에 편의점에 가서 간식거리를 사오라고 한다. 시킬 사람을 정하지 않은 선배는 해당 학년들끼리 가위바위보를 해서 사오라고 시켰다. 개인 빨래도 자기가 안 하고 1학년한테 시켰다. 유니폼, 스타킹, 신가드shin guard; 정강이 보호대는 물론이고 속옷과 신발까지. 세탁기 수는 한정되어 있으니 세탁기를 미리 잡지 못하면 손빨래를 하거나 밤에 남들이 잘 때 세탁기를 사용해야 했다. 신발처럼 세탁기만으로는 제대로 빨래가 안되는 것은 손빨래까지 했다. 이렇듯 빨래, 심부름은 물론이고 운동, 시합 전에 챙겨야 할 물품까지 챙겨야 했다.

얼차려와 체벌도 많이 받았는데, 이유는 다양했다. 운동시간에 늦어 코치들이 화가 나면 맨땅에 머리박기, 일명 '원산폭격'을 하기도 한다. 시합을 못하면 욕을 먹고 운동장 뺑뺑이를 돌았다. 숙소 청소나 사물함 정리가 안되어 있으면 집합을 해서 엎드려뻗쳐, 머리박기를 했다. 단체 집합을 할 때는 샤워를 하거나 머리를 감고 있다가도 와서 얼차려를 받아야 했다. 김남일 선수가 인터뷰에서 말했던 일명 '빠따'도 많이 맞았다. 빠따의 종류도 당구 큐대, 파이프, 나무 등 다양했다. 어떤 코치나 선배는 정해진 개수를 한 번에 다 못 맞으면 다시 처음부터 때렸다.

단체 얼차려와 체벌뿐만 아니라 개인적인 괴롭힘도 많이 당했다. 어떤 선배는 자기 마음에 안 들거나 기분을 상하게 했다는 이유로 신체적 폭행을 가하고 얼차려를 줬다. 옷걸이로 머리를 때리는 선배도 있었다. 심지어 사물함에 있는 물건과 돈까지 훔쳐가는 사람까지 있었다.

1년 가까이 이런 생활을 하면서 내가 축구를 하러 온 건지, 아니면 군대나 교도소에 끌려온 건지 헷갈렸다. '나는 축구선수인가? 아니면 노예인가?' 축구선수의 꿈에 대한 회의감이 들기 시작하고 슬럼프가 왔다. 이 때가 중학교 2학년이 된 지 얼마 지나지 않았던 2005년 3~5월 즈음이었다.

대한민국 엘리트 스포츠 교육 시스템의 한계

전주에서 있었던 전국대회를 마치고 휴식과 몸 관리를 위해 집에 왔다. 감독 선생님께서 3개월 정도 집에서 고기를 매일 먹고 헬스를 하며 체격을 키워오라고 했다. 3개월 동안 천국 같은 삶을 살았다. 당시 축구선수들은 수업에 들어가지 않아 학교를 갈 필요가 없었다. 시험을 볼 때만 가서 답을 대충 찍고 나오면 됐다. 아침 일찍 일어나 조기회에 가서 축구를 하고 사우나에 갔다가 밥을 먹었다. 그 이후부터는 TV도 마음껏 보고, 잠도 실컷 자고, 심심하면 가끔씩 책도 보고 고향 친구들을 만나거나 시내에 나가서 놀았다.

3개월 정도 자유롭고 천국 같은 삶이 지나고 축구부 합숙소에 들어가야 할 날이 왔다. 숙소를 들어가기 전날 아버지가 얘기를 하자고 했다. 아버지는 얘기를 하기 전부터 많은 고민을 하는 모습이었고 힘들게 말을 꺼냈다.

"아들아! 이제 축구를 그만두는 게 어떻겠니?"

그 얘기를 듣는 순간 나는 어안이 벙벙했다. 3살 때부터 축구를 시작했고 축구선수의 꿈만 바라보고 달린 지 4년이 된 시점에 갑작스럽게 축구를 그만두어야 한다니!

아버지는 우리나라 엘리트 스포츠의 실체에 대해 여러 가지 관점으로 설명을 해주었다.

"운동선수로 성공하는 것은 확률적으로 너무 힘들다. 아무나 박지성, 손흥민, 기성용이 될 수 없다. 프로 입단이 힘들 뿐만 아니라 프로 입단을 하고 나서도 주전으로 계속 뛸 수 있을지도 모른다. 매일이 경쟁이고 매년 신인들이 치고 올라온다.

국가대표는 23명으로 고정되어 있기에 국가대표로 뽑히기는 프로 입단보다 훨씬 더 치열하고 힘들다. 23명 중에서 치열한 경쟁을 해서 11명 안에 들어가야 월드컵 무대를 밟을 수 있다. 아무리 잘나가는 프로 선수, 국가대표 선수라도 언제 어떻게 부상을 당할지 모른다. 최근 러시아 월드컵에서도 김진수, 김민재, 이근호 선수는 예비 엔트리에 발탁이 되었음에도 월드컵 직전에 갑작스런 부상으로 낙마했다.

대한민국 남자들에게 군대는 미래를 가로막는 장애물이기도 하다. 축구선수가 병역을 면제 받는 길은 올림픽 3위와 아시안게임 금메달이다. 태극전사들은 2002년 월드컵, 2012년 런던올림픽, 2018년 인천 아시안게임 때 군 면제를 받았다. 하지만 국가대표가 되는 것은 그 어떤 일보다 힘들다. 월드컵, 올림픽, 아시안게임에 나갔다고 해서 3위를 달성하거나 금메달을 획득한다는 보장도 없다.

손흥민 선수의 경우에는 다른 동료들은 런던올림픽, 인천 아시안게임 때 면제를 받았지만 그때 당시 여러 가지 이유로 차출이 안되었다. 2번의 군면제 기회가 있었음에도 그 혜택을 못 받았다. 지금까지도 손흥민 선수의 발목을 잡고 있던 군 문제는 이번 2018 자카르타-팔렘방 아시안게임에서 대한민국 축구팀이 금메달을 따면서 해소되었다.

프로에 진출한 선수들은 상무나 경찰청에 입단하는 경우가 아니면 일반 군인으로 입대해야 한다. 대학교나 실업팀까지 축구를 한 선수들도 마찬가지다. 축구선수가 되기 위해 누구보다 노력을 해도 노력만으로 안 되는 것이 스포츠 세계. 이것저것 방법을 동원해 군입대를 늦추다가 결국엔 축구를 그만두고 늦은 나이에 일반 군대에 입대한다. 내 주변에도 늦은 나이에 입대한 친구들이 많다. 지금도 복무를 하고 있는 친구들, 후배들이 많다.

가장 심각한 문제는 축구선수를 그만두고 난 후의 삶이다. 우리나라 엘리트 스포츠는 철저하게 국제대회 우승, 올림픽 금메달에만 초점이 맞추어져 있다. 당장의 성과를 내기 위한 로드맵만 나오고 여기에 맞추어 실행한다. 선수들은 어릴 때부터 혹사를 당하고 눈앞의 성과는 얻을 수 있지만 각종 부상으로부터의 위험에서 벗어날 수가 없다. 다른 나라에 비해 운동선수들의 평균 수명이 짧은 이유가 여기에 있다.

당장의 성과, 성적에만 집중하다 보니 선수들의 미래를 위한 교육은 전혀 되어 있지 않다. 운동만 하고 공부는 시키지 않는다. 요즘에는 예전과 다르게 수업을 들어간다고 한다. 하지만 수업 들어가서 자거나 노는 것은 '안 봐도 비디오'나 다름없다. 선수들은 본인이 선수로서 성공할 수 없다고 느끼는 시점에도 쉽게 축구를 그만두지 못한다. 운동을 그만두고 무엇을 해야 할지 모르니 미래가 너무 두렵고 축구에 대한 미련을 쉽게 떨치지 못한다.

반대로 선진국은 선수들의 미래를 위한 시스템이 너무나도 잘 되어 있다. 선진국에서는 아무리 그 선수가 뛰어난 선수라도 학과 성적이 지정된 기준을 넘지 못하면 시합을 뛰지 못한다. 선진국은 하루 운동량도 우리나라처럼 많지 않다. 과학적이고 체계적인 시스템 속에서 2시간 내 집중적으로 효율적인 훈련을 한다. 나머지 시간 동안은 휴식을 취하거나 본인들의 미래를 위한 공부와 활동들을 할 수 있다. 이러한 시스템 속에서도 월드컵과 각종 대회에서 우승하고 세계 최고의 선수들이 끊임없이 양성된다."

축구의 길에서 벗어나 공부하는 학생이 되다!

아버지는 엘리트 스포츠의 실체를 알려주면서 반대로 축구를 그만두면 얻을 수 있는 것들을 상세히 알려주었다. 축구를 그만두면 아이러니하게도 내가 좋아하는 축구를 즐기면서 할 수 있다. 선수로 축구를 할 때는 못하면 욕도 먹고 얼차려도 받고 미래에 대한 스트레스도 항상 받아야 한다. 하지만 일반 학생으로 돌아오면 그럴 일이 없다. 축구를 잘하니 주목도 받을 수 있고 이겨야 한다는 부담이 없기에 즐기면서 할 수 있다.

축구를 하면 축구와 관련된 것밖에 접하지 못한다. 하지만 공부를 해서 대학에 가면 대학생활을 즐겁게 누릴 수 있다. 축구할 때는 접할 수 없던 사람들을 만나고 경험할 수 있고 선택할 수 있는 폭이 넓어지고 자유롭고 행복한 생활을 할 수 있다. 선수들은 합숙소와 운동장에서 미래에 대한 기약도 없이 고생할 때 다양한 사람들을 만나며 여행도 다닐 수 있다.

이러한 아버지의 설명을 듣고 나는 축구를 그만두는 쪽으로 거의 마음을 정했다. 하지만 축구 말고는 해본 것이 없기에 어떻게 살아갈지 두려움이 남아 있었다. 이 부분에 대해 신중하게 고민했다. 많은 고민 끝에 나는 축구를 그만두자고 결단을 내렸다. 나는 아무런 준비 없이 두려움만 간직한 채 이때까지와는 전혀 다른 길에 들어서게 된 것이다. 축구를 그만두고 공부하는 학생이 되었다. 지금으로부터 13년 전, 2005년 8월 26일이었다.

03 축구선수 출신 전교 꼴찌, 공부에 도전하다

교복 입은 학생으로 돌아가 축구를 즐기다

축구를 그만두기로 결정하고 나서 아버지와 가장 먼저 찾아간 곳은 합성초등학교였다. 스승님이신 강상기 감독님을 찾아갔다. 나의 재능과 가능성을 발견해주시고 축구선수의 꿈을 이룰 수 있게 도와주신 스승님이기에 감사인사를 하러 갔다. 내가 축구를 그만둔다는 소식을 들은 감독님은 너무 빨리 그만두는 것 아니냐고 많이 아쉬워했다. 그러면서도 오히려 빨리 그만두는 것이 미래를 위해 더 큰 기회가 될 수 있다고 자신감을 심어주셨다.

강상기 감독님과의 대화를 마치고 함안중학교에 갔다. 함안중학교 감독님은 내가 체격과 체력을 길러서 복귀할 것이라고 알고 있었다. 하지만 내가 축구를 그만둔다고 하니 깜짝 놀라셨다. 감독님뿐만 아니라 코치님들과 동료선수들까지! 그들은 하나같이 말했다.

"경모야! 축구밖에 안 했는데 축구 그만두면 뭐 하려고? 공부를 할 수 있는 것도 아니고…. 다시 한 번 생각해봐. 우리랑 같이 축구하자!"

하지만 이미 축구를 그만두기로 결단을 내린 나는 그들과 작별 인사를 하고 나왔다. 그때 보았던 안타깝고 한심하다는 듯한 그들의 표정이 아직도 생생하게 기억난다.

작별인사를 마치고 나서부터는 여유 부릴 시간이 없었다. 나는 고향인 창녕 남지중학교로 돌아갈 계획이었다. 함안중학교에 가서 전학 신청을 하고 서류를 받아 남지중학교에 서류를 제출하러 갔다. 그날이 토요일이었는데 때마침 아버지와 같이 근무하셨던 선생님 두 분이 나를 반겨주었다. 그중에 한 분은 나의 담임선생님이 되실 분이었다.

아버지는 남지중학교에서 10여 년 근무하다가 임용고시를 쳤다. 삼수 끝에 2001년에 임용고시에 합격해서 공립학교에 발령을 받았다. 내가 전학을 갈 때 아버지는 창원 웅남중학교에 근무하고 있었다. 선생님들은 예전에 아버지와 남지중에서 같이 근무를 했던 것과 어릴 때의 나를 기억하고 있었다. 축구선수를 그만둘 때의 두려움이 작은 희망으로 바뀌는 순간이었다. 이제 나는 축구 유니폼을 던져버리고 교복을 입은 어엿한 중학생이 되었다.

두려움 반 설렘 반으로 그 다음 주 월요일 등교를 했다. 축구를 하는 5년 동안 학교에 제대로 가보지 못했기에 교복을 입고 학교를 가는 것 자체가 어색했다. 등교하자마자 교무실에 가서 담임선생님을 찾았다. 담임선생님은 나를 데리고 교실로 가서 같은 반 친구들에게 인사를 시켜주셨다. 친구들 모두 반가워하면서도 놀라는 기색이었다.

우리 지역 친구들과는 초등학교는 물론이고 유치원, 심지어 갓난아기 때부터 알고 지낸 사이다. 내가 초등학교 4학년 때 마산으로 축구를 하러 갔기 때문에 고향 친구들과 교류할 기회가 적었다. 5년 후 내가 축구선수의 꿈을 포기하고 일반 학생이 되어서 친구들 앞에 선 것이다. 나 또한 반가운 얼굴의 친구들이 많아서 좋았다.

오랜만에 만난 친구들은 반갑기도 하고 어색하기도 했다. 먼저 다가와서 인사해주는 친구들도 있어서 고마웠다. 남지중은 남중, 여중이 나뉘어 있다. 고등학교는 남지고등학교 하나밖에 없고 남녀공학이다. 내가 다니던 남지중에는 남자들만 있으니 축구를 하는 것이 가장 큰 재미였고 축구를 잘하는 사람이 권력자였다. 남자들 세계에서 주먹보다 더 강한 것이 축구다.

점심시간과 체육시간을 이용해서 선배, 친구, 후배들과 축구를 했다. 5년 동안 전문적으로 축구를 배운 나와 일반 학생들과는 실력이 하늘과 땅 차이였다. 아버지 조언대로 나는 축구로 주목을 받고 즐기면서 축구를 했다. 중요한 축구시합이 있을 때마다 친구들과 선배들은 나를 찾았다.

주변 사람들의 수많은 무시와 비아냥을 받다

이때까지만 해도 나는 공부를 잘 해야겠다는 마음은 없었다. 처음부터 공부를 잘 해야겠다는 마음을 가지고 축구를 그만둔 것은 아니었다. 다만 우리나라 엘리트 스포츠 교육의 실체를 아버지를 통해 깨닫고 일단 그만두는 것이 맞다고 판단했을 뿐이었다. 축구를 안 하면 어떤 것을 해서 먹고 살지, 무엇으로 새로운 삶을 살아갈지에 대해서 특별한 계획이 있었던 것은 아니었다.

하지만 다른 사람들이 나를 보는 시각은 달랐다. 그 사람들 눈에 나는 이제 축구선수가 아닌 학생이다. 그렇기에 '공부'를 하기 위해 축구를 그만둔 것으로 봤다. 대부분의 사람들은 나를 무시하고 비아냥거렸다.

"축구하던 놈이 무슨 공부를 하나? 머리에 든 거는 있냐? 안되는 공부 할 바에야 다시 축구하러 가라!"

이 말을 듣고 나는 심한 수치심을 느꼈다. 한마디로 '빡치는 기분'이었다. 축구할 때의 승부욕이 생겼고 엄청난 자극을 받았다. 그래서 나는 속으로 다짐했다.

'축구선수도 공부를 잘할 수 있다는 것을 보여주겠다. 그래서 오늘 느꼈던 이 수치심에 대해 성적으로 증명해서 내 앞에서 아무 말 못 하게 해주고야 말리라!'

바로 이것이 내가 공부를 하게 된 결정적인 계기다. 물론 이런 이유만으로 공부를 시작한 것은 아니다. 나는 그 시기에 공부 말고 할 수 있는 것이 없었다. 부모님이 자영업을 하는 게 아니었기에 다른 친구들처럼 일손을 도와줄 수도 없었다. 아르바이트를 한다고 하더라도 미성년자이기에 한계가 있었을 것이다.

운동선수들은 보통 대학생 이후에 운동을 그만둔다. 그러면 군대부터 다녀오고 나서 다양한 일들을 한다. 자신의 전공종목을 살려 지도자를 하는 사람들이 대부분이다. 인맥으로 회사에 들어가는 경우도 다수 있다. 스스로가 축구교실을 차리거나 장사를 하는 사람들도 있다. 아니면 대부분은 식당, 공사 현장, 술집, 배달회사, 공장 등에서 일한다.

운동선수들에게 아예 미래가 없다는 뜻이 아니다. 운동선수들은 우리나라 엘리트 스포츠 교육 시스템으로 인해 은퇴 후의 삶을 준비하기가 너무 힘들다. 운동을 그만두었을 때 새로운 삶을 시작하는 것이 어렵다는 의미다. 운동선수들은 일반 사람들과 다르게 목표에 대한 간절함, 끈기, 집중력, 강인한 체력과 리더십, 사교성 등의 능력을 가지고 있다. 이것은 운동을 한 사람들만이 가질 수 있는 강점이다. 운동선수들이 안 해봐서 처음에 시행착오가 클 뿐이지 마음먹고 덤비면 그 누구보다 잘 해낸다. 실제로 운동을 그만두고 성공한 사례는 너무나 많다. 운동을 통해 얻은 능력들은 실제 사회에서 필요한 것들로 채워져 있다.

축구선수 출신 전교 꼴찌, 공부하기로 결단하다

늦은 나이에 공부를 시작해서 성공한 운동선수들을 TV나 책을 통해 간혹 볼 수 있다. 내가 직접적으로 아는 사람은 이재홍 형이다. 재홍이 형은 내가 서울대학교 축구부로 활동할 때 플레잉 코치였다. 재홍이 형은 대구공고와 배재대를 나왔는데 무릎 부상으로 축구를 그만두었다. 그때 KBS 축구해설위원이던 세종대학교 이용수 교수를 만나 세종대학교에 편입해 공부를 시작했다. 재홍이 형은 세종대 졸업 후 서울대학교 대학원에 입학했다. 영어단어 하나 몰랐던 재홍이 형은 석사 때 영어로 된 논문을 써서 학위를 취득했다. 서울대를 다닐 때 재홍이 형 집과 우리 집이 근처라서 자주 놀러가서 맛있는 음식도 나눠먹고 형이 영어를 공부하고 논문을 쓰는 모습도 직접 봤다. 그때가 8년 전인데 재홍이 형은 월드컵 국가대표팀 피지컬 코치가 되겠다는 꿈을 가지고 있었다. 그리고 이번 러시아 월드컵 때 국가대표 피지컬 코치로 임무를 수행했다.

이번 지방선거에서 최연소 경기도 의원으로 당선된 황대호 의원도 축구선수에서 공부로 성공한 사람이다. 황대호 의원은 내가 서울대학교 축구부 활동을 할 때 3년 5개월 동안 서울대학교 코치였다. 이 분은 축구를 하면서도 공부도 같이 열심히 해서 교육학 석사, 경영학 박사수료 학위를 땄다. 수원FC사무국 김병지축구센터 본부장 등 스포츠 행정 경험과 대한체육회 및 대한축구협회에서 강사, 호서대학교 축구학과 외래교수, 한국코칭능력개발원 부원장 등 교육 분야에서도 다양한 활동을 했다. 축구선수였지만 보통 사람들도 이룰 수 없는 엄청난 업적을 이루고 사회적으로 큰 영향력을 끼치고 있다.

생존을 위한 싸움에서 공부만이 유일한 선택이었다

13년 전, 14살의 나는 모든 사람들의 선입견과 편견에 맞서 싸우기로 마음먹었다. 공부 말고 할 수 있는 것은 없었고 공부만이 생존을 위한 유일한 방법이었다. 그렇게 아무것도 없는 밑바닥에서 생존을 위한 나와의 싸움이 시작되었다.

04 자기주도 학습의 승리, 전교 3등 졸업의 쾌거!

일단 책상 앞에 앉아 있는 것부터 하자!

공부하기로 마음먹은 나. 하지만 그 길은 어려움을 넘어 막막함 그 자체였다. 가장 큰 문제는 책상에 앉아 있는 것이었다. 잠시라도 책상에 앉아서 수업을 듣는 것 자체가 고통이었다. 항상 넓은 운동장에서 운동을 했기 때문에 좁은 교실에 앉아 있는 것 자체가 답답하고 좀이 쑤셨다. 차라리 축구 시합을 계속 뛰고 **뺑뺑**이라도 도는 게 낫겠다는 생각이 들었다. 생전 듣도 보도 못한 내용들을 듣고 있으니 몹시 지루하고 좀이 쑤셨다. 잠이 쏟아질 수밖에 없었다. 선진국처럼 운동과 학업이 함께 하는 시스템이 있었으면 이러한 고통은 없었을 것이다. 하지만 내가 선택할 수 있는 길은 하나밖에 없었다.

시스템을 바꿀 수 없다면 나를 바꿔야만 했다.

수업내용을 이해하는 건 다음 과제였다. 나는 우선 책상에 오래 앉아 있는 것을 공부의 첫 번째 목표로 삼았다. 수업 전에 가벼운 스트레칭과 찬물 세수를 했고 책, 노트, 필기도구를 준비했다. 수업 중에 잠이 오면 일어서서 수업을 들었다. 그렇게 2~3달 정도 하니 40분 수업을 졸지 않고 집중해서 들을 수 있었다. 누구의 도움 없이 혼자서도 오랫동안 책상에 앉아서 공부를 할 수 있는 습관이 생겼다.

책상에 앉는 습관을 만들면서 느낀 것은 학교 수업이 제일 중요하다는 사실이었다. 그래서 학교 수업을 최우선으로 하고 열심히 듣기로 했다. 학교 수업을 들을 때는 '질문하고, 능동적으로 참여하자!'를 원칙으로 정했다. 선생님이 말씀하시는 것은 일단 모두 다 받아 적었다. 나는 기초지식조차 없었기에 수업을 들으면 내용의 80%는 이해가 되지 않았다. 모르는 것에 대해서는 선생님에게 '질문'을 하기로 했다. 모르는 부분들을 표시하고 정리를 해두었다가 수업 틈틈이 혹은 쉬는 시간을 활용해서 질문했다.

선생님은 수업시간에 이전에 배웠던 것을 확인차 물어볼 때도 있다. 그럴 때 나는 알든 모르든 자신 있게 대답했다. 그 과정을 통해 아는 것은 한 번 더 복습했고 모르는 것은 내 것으로 만들어갔다. 그러자 책상에 앉아서 공부하고 학교 수업을 열심히 듣는 자세와 태도가 습관으로 변했다.

다음 관문은 영어였다. 나는 누구나 아는 기초 단어조차도 전혀 알지 못했다. 영어에 대한 기초가 너무 없었기 때문에 학교 수업을 따라가는 것도 힘들었다. 영어 과목을 담당했던 담임선생님은 나를 영어 보충반에 넣었다. 가장 기초적인 단어부터 기본적인 문법들을 중심으로 수업을 했다. 학교 수업과 보충반으로는 부족해서 영어 학원과 공부방을 다녔다. 당시 남지고등학교 과학선생님이 공부를 하고 싶어도 환경이 열악해 힘들어하는 학생들을 위해 '청심방'이라는 공부방을 운영했다. 이 공부방에서 영어를 잘하는 친구 어머니가 학생을 10명 정도 모아서 무료로 영어를 가르쳐주셨다. 영어학원과 공부방에서 단어, 기초 문법을 배우고 독해력을 길렀다.

영어보다 심각한 과목은 수학이었다. 공부를 시작한 시기가 중학교 2학년 2학기였는데 일차방정식도 풀지 못했다. 내가 선택한 것은 수학학원이었다. 다니던 영어학원이 종합학원이라 수학도 같이 가르쳤기 때문에 여기에서 수학을 배웠다.

나의 실력을 점검 받고 학교진도와 관계없이 완전 기초부터 1:1로 배웠다. 선생님은 개념에 대한 설명을 해주고 기본문제를 풀어주었다. 설명을 들으며 수업내용을 필기했고 모르는 것이 있으면 바로 물어봤다. 선생님은 다음 시간까지 문제를 풀 분량을 정해서 과제로 주었다. 수업이 끝나고 집에 가서 그날 배운 개념을 복습하고 기본문제를 풀었고 선생님이 내주신 과제를 했다. 이러한 과정을 통해 수학도 기본기가 쌓이고 학교 진도도 조금씩 따라가기 시작했다.

축구를 그만두고 4개월 동안 공부를 한 뒤에 2학년 2학기 중간고사, 기말고사 두 번의 시험을 봤다. 성적은 중간과 기말을 종합해서 나왔는데 나의 첫 성적은 어떨까하며 긴장으로 떨리는 마음을 안고 성적표를 기다렸다. 전국대회에서 승부차기를 할 때만큼의 긴장감이었다. 종합 성적표를 확인했는데 예상외의 성적이 나왔다.

중학교 1~2학년 성적				
구분	1학년(석차/재적수)		2학년(석차/재적수)	
	1학기	2학기	1학기	2학기
한문	37/192	120/189	125/186	15/82
국어	172/192	180/189	140/186	15/82
도덕	52/192	176/189	150/186	19/82
사회	145/192	148/189	145/186	11/82
수학	151/192	166/189	149/186	43/82
과학	182/192	161/189	118/186	28/82

기가	159/192	176/189	135/186	20/82
체육	5/192	21/189	67/186	10/82
음악	161/192	139/189	170/186	12/82
미술	141/192	170/189	184/186	18/82
영어	63/192	147/189	125/186	19/82

축구를 그만두고 공부를 한 지 4개월 만에 내가 취약했던 수학과 과학을 제외하고는 10~20위권 내의 성적이 나온 것이다. 아쉬움이 있긴 했지만 공부한 기간에 비해서는 엄청난 결과였다. 축구를 할 때는 뒤에서 전교 3등을 한 적도 있다. 체육을 제외한 거의 모든 성적이 '가'였었다.

축구선수도 공부할 수 있다는 것을 증명한 것이다! 나는 이 자신감과 확신으로 더 열심히 공부하기로 결심했다.

자기주도 학습의 승리! 전교 꼴지로 입학해서 전교 3등으로 졸업하다!

중3이 되니 중2 때보다 공부의 양도 늘어나고 난이도도 훨씬 어려워졌다. 시험범위도 중2와는 비교도 안 될 정도로 많았다. 학교 수업을 따라가는 것만으로도 벅찼다. 수행평가와 과제도 하루만 놓치면 따라갈 수 없을 정도였다. 학원과 공부방에서 배우는 내용을 복습하느라 과제를 못하는 경우가 자주 생겼다. 처음에는 실력이 쌓이면 괜찮아질 것이라고 생각했다. 늦게 자고 일찍 일어나고, 자투리 시간도 활용해서 공부를 했다. 하지만 오히려 그럴수록 스트레스만 많이 받고 공부는 더 안 됐다. 심지어 몸에 무리가 왔다.

많은 고민과 시행착오 끝에 나는 결단을 내렸다.

"학원과 공부방을 그만두자!"

자기주도 학습의 길로 들어선 것이다. 모든 공부의 중심을 학교 수업에 맞추었다. 수업시간에 매우 집중해서 듣고 필기를 했다. 학교 선생님들을 더욱 적극적으로 활용했다. 학교 수업으로 부족한 부분들은 인터넷강의를 활용했다. 인터넷강의를 통해 학교 수업에서 알려주지 않는 개념을 보충하고 심화문제들을 풀었다. 학원과 공부방에 가지 않으니 시간관리를 더 철저하게 해야 했다.

중학교 2~3학년 성적			
구분	2학년(석차/재적수)	3학년(석차/재적수)	
	2학기	1학기	2학기
한문	15/82	12/79	5/78
컴퓨터	21/82	32/79	13/78

국어	15/82	14/79	1/78
도덕	19/82	6/79	10/78
사회	11/82	1/79	3/78
수학	43/82	149/186	11/78
과학	28/82	118/186	4/78
기가	20/82	135/186	2/78
체육	10/82	67/186	3/78
음악	12/82	170/186	5/78
미술	18/82	184/186	18/78
영어	19/82	125/186	2/78

　그 결과, 전 과목 성적이 급격하게 상승했다. 3학년 1학기 성적을 보면 2학년 2학기와 비교해서 컴퓨터, 음악, 미술을 제외하고 전체적으로 성적이 엄청나게 올랐다. 심지어 사회는 전교 1등을 했고 한 자릿수 등수에 들어온 과목이 5개나 되었다. 3학년 2학기 성적을 보면 더 놀랍다. 국어 전교 1등을 포함해서 한 자릿수 등수가 8과목이나 되었다. 가장 취약했던 수학도 첫 시험에 비해 33등이나 올랐다. 처음 공부할 때 부족한 부분을 보완하기 위해 다녔던 학원과 공부방을 그만두고 나서 얻은 결과라 더욱 가치가 있었다. 자기주도 학습의 힘이 얼마나 강한지 느꼈다.

연말에 전교생 성적을 종합해보니 나의 성적이 '전교 3등'이었다. 처음 공부를 시작할 때 나는 전교에서 뒤에서 3등이었다. 공부를 시작한 지 1년 4개월, 자기주도 학습을 한 지 1년 만의 결과였다. 전교 3등을 하자 처음에 무시하고 비아냥거렸던 친구들이 내 앞에서 아무 말도 하지 못 했다. 중학교를 졸업할 때 나는 각종 상들을 다 쓸었다. 수많은 사람들이 보는 앞에서 당당하게 나의 실력과 존재감을 드러냈다. 축구선수였던 내가 공부를 한다고 그 누구도 무시하거나 건드릴 수 없게 된 것이다!

05 한 번 뿐인 인생, 서울대에 도전하다!

'너희 아들 얼마나 좋은 대학 가나 한번 보자!'

중학교 3학년 2학기 기말고사는 한 달 정도 빨리 본다. 성적을 빨리 종합해서 고등학교에 지원해야 하기 때문이다. 당시 우리 지역의 대부분 학생과 학부모가 고민하는 것이 이 지역의 남지고등학교에 갈 것이냐, 도시인 마산, 창원의 고등학교로 갈 것이냐 하는 문제였다.

자신이 공부를 조금 잘한다고 생각하는 학생들은 마산, 창원 등의 고등학교로 간다. 전교 성적이 'TOP 10' 안에 든 친구들은 거의 다 마산, 창원으로 갔다. 하지만 나는 한 치의 고민 없이 남지고등학교를 선택했다. 그때 주위 친구들이나 학부모들이 비아냥거렸다.

"남지고등학교 같은 농촌학교에 가면 좋은 대학 갈 수 있겠냐? 학생들이 공부도 잘 안 해서 학업분위기도 안 좋을 것이 뻔한데, 공부 잘하는 도시로 가야 되지 않겠냐?"

부모님은 심지어 "너희 아들, 얼마나 좋은 대학가나 한번 보자."라는 말까지 들었다. 이것은 나뿐만 아니라 부모님, 같은 고등학교에 다닐 친구, 선후배 그리고 선생님들 모두를 욕한 것이었다.

전교 1, 2등은 그렇다 치고 나보다 성적이 안 나오는 나머지 친구들과 학부모들이 그렇게 말하니까 너무 어이가 없고 화가 났다. 나는 그 친구들 앞에서 큰소리로 욕을 하고 한 대 치고 싶기까지 했지만 마음속으로 분을 삭이면서 더 독기를 품고 공부하기로 다짐했다. 반드시 입시에서 최고의 성공을 이뤄서 그들에게 결과로 복수하고 싶었다.

고등학교 입학 전 겨울방학, 예습 말고 복습하라

고등학교 가기 전에 2달의 시간이 남았다. 많은 학생들이 고등학교가 전쟁이라는 말을 듣고 예비 고1을 위한 인터넷 강의를 듣거나 학원에 등록해서 예습을 했다. 고등학교 과정을 미리 공부하는 게 힘들어도 남들보다 앞서간다는 생각에 뿌듯함을 느끼는 친구들을 많이 봤다. 하지만 나는 남들이 예습을 할 때 오히려 '복습'에 집중했다. 학교 진도와 시험을 따라 가느라 놓쳤던 부분을 복습할 수 있는 마지막 기회가 중학교 3학년 겨울방학이라고 생각했다. 국어, 영어, 수학을 중심으로 공부했다.

국어의 경우는 수능지문보다 전반적인 독서 능력을 키우는 데 중점을 뒀다. 자기계발서, 대표 소설들, 신문, 잡지 등을 읽었다. 다양한 독서를 통해 글의 핵심내용을 파악하고 정리하는 훈련을 했고 다 읽은 후에는 독후감까지 썼다. 독서훈련을 통해 빠르고 정확하게 읽는 실력이 길러졌고 글쓰기 훈련 덕분에 고등학교 때 각종 글쓰기 대회에서 수상하는 것뿐만 아니라 완벽한 자기소개서를 쓸 수 있게 되었다.

영어는 기본단어와 문장구조 파악을 위한 문법을 총정리했다. 고등학교 들어가기 전에 기본적인 영어단어와 문법을 정리하지 않으면 학교 수업과 수능독해를 못 따라갈 것이라는 생각이 들었다. 무엇보다 고등학교에 가서 단어와 문법 공부를 따로 할 시간이 없다고 생각했다. 단어와 문법 공부를 하며 독해집을 이용해 독해훈련도 병행했다.

수학은 중학교 1학년부터 3학년까지 전 범위 핵심개념을 정리하고 기본적인 문제를 풀었다. 수학은 중학교 때 배운 개념이 고등학교 때도 연결된다. 중학교 개념이 문제에 직접 나오지는 않지만 그 개념과 원리가 고등학교 개념을 공부할 때나 문제를 풀 때 반드시 필요하다. 즉 중학교 때 배우는 내용을 모르면 고등학교 수준의 수학을 도저히 할 수 없다.

대한민국 최고의 대학인 서울대학교 합격을 꿈꾸다

나는 남들과는 전혀 다른 방향으로 고등학교 생활을 준비했다. 예습이 아닌 철저한 복습과 기본 실력을 기르면서 한편으로는 고민이 생겼다.

'이때까지 한 공부가 진짜 나를 위한 공부였을까? 축구선수를 하지 않고 공부를 하는 지금, 앞으로 나는 뭐가 될까? 어느 대학을 가지?'

공부를 잠시 멈추고 나의 꿈과 목표 대학을 고민하고 정리하는 데 시간을 투자하기로 했다. 공부하는 이유와 목표가 명확하게 정립되지 않은 상태에서 하는 공부는 의미가 없다. 단순히 꿈이 아니라 대학입학과 직접적으로 연결된다.

꿈과 직업을 찾는 것이 가장 어려웠다. 축구선수 외에 스포츠, 체육 분야에 대해 아는 것이 없었기 때문이다. 나는 꿈과 직업은 천천히 찾자고 결정했다. 꿈과 직업이라는 것이 많은 고민을 한다고 바로 답이 나오는 것이 아니다. 지금 당장 꿈과 직업을 찾아도 바로 이룰 수 있는 것도 아니다. 무엇보다 꿈과 직업은 언제든지 바뀔 수 있다. 이미 나는 평생 축구를 할 거라고 생각했는데 공부라는 전혀 다른 길을 걷고 있었으니까. 그렇기 때문에 공부를 해서 대학을 가는 것이 가장 중요했다. 그렇다고 무작정 성적만 맞춰서 갈 수는 없었다. 그때 나의 전부이기도 했던 축구, 스포츠, 체육 분야로 목표 대학을 정하자고 생각했다.

당시만 해도 나는 공부한 지 1년 4개월밖에 되지 않았다. 중학교 때 전교 3등을 했다고 고등학교에서도 잘한다는 보장은 없었다. 중학교와 고등학교는 공부의 양과 난이도의 차원이 달랐다. 하지만 나는 이미 마음 먹은 상태였다.

'한 번뿐인 인생,

어차피 3년 동안 할 공부라면 최고를 목표로 공부하자!'

우리나라 최고의 대학인 '서울대학교'를 목표로 정했다. 내가 축구를 했기에 체육, 스포츠와 관련된 학과를 찾아보았다. 서울대학교는 다른 대학과 달리 스포츠, 체육 관련 학과가 체육교육과밖에 없었다. 이렇게 해서 나의 목표는 '서울대학교 체육교육과'가 되었다.

나의 성적과 공부실력이 얼마나 되는지, 어떻게 내가 서울대에 갈 수 있을지는 전혀 생각하지 않았다. 모든 것은 마음먹기에, 내가 얼마나 목숨을 걸고 하느냐에 달려있었다. 누가 뭐라고 하든 내가 간다고 하면 가는 것이다. 세상의 모든 위대하고 성공한 사람들은 처음에는 아무것도 아니었고 많은 사람들로부터 정신이 나갔다는 얘기를 들었다. 하지만 그들은 오직 스스로에 대한 확신을 가지고 되는 방법을 찾고 미친 듯이 노력해서 결과를 만들어냈다.

나는 세계 최고의 축구선수라는 꿈을 포기하고 공부를 시작했다. 남들은 매일 하던 것이고, 주변 친구들이 하고 선생님과 부모님이 시키니까 공부를 했지만 나에게 공부는 생존이었다. 공부가 아니면 내가 원하는 삶을 살고 성공할 수 있는 방법이 없었다. 그런 공부인데 적당히 노력해서 남들처럼 점수를 맞춰서 대학을 갈 바에야 공부를 안 하는 것만 못했다. 그렇게 공부하는 것은 남들처럼 축구를 계속하다가 중간에 그만두고 군대 갔다 와서 일을 하는 것과 다를 바 없었다. 큰맘 먹고 축구를 그만두고 공부를 시작했는데 같이 축구를 하던 사람들과 비슷한 수준이 되면 무슨 의미가 있겠는가?

무엇보다 나를 무시하고 비아냥댔던 모든 사람들에게 내가 옳았다는 것을 증명하는 확실한 방법은 최고가 되는 것, 바로 서울대에 합격하는 것밖에 없었다. 축구선수였던 내가 대한민국 최고의 대학인 서울대학교에 합격하는 것만큼 성공한 스토리는 존재하지 않았다. 그랬기 때문에 나에게 중간은 필요하지 않았고 눈에도 들어오지 않았다. 일명 'SKY 대학'이라고 불리는 연세대, 고려대도 나에게는 무의미했다. 나는 오직 1등, 최고만을 원했고 무슨 일이 있어도 서울대에 합격해야 했다.

이 시기, 마침 아버지가 나에게 대학과 관련해서 이야기를 하자고 하셨다. 아버지는 내가 공부를 잘하고 못하고는 관심이 없었다. 내가 열심히 공부를 하고 있으면 오히려 "공부만 하면 머리 나빠진다. 쉬고 놀아라!"라고 말씀하셨다. 그런 아버지도 내가 최소한 대학은 가야 한다고 생각을 한 것이다. 아버지도 중고등학교 체육교사이기에 아들의 입시에 관심을 안 가질래야 안 가질 수가 없었다. 아버지는 내가 축구를 했으니 4년제 대학 어디를 가도 성공이라고 생각하고 있었다.

그러던 중 아버지가 내게 물었다.

"경모야, 어느 대학교를 생각하고 있나?"

나는 한 치의 망설임도 없이 대답했다.

"서울대학교요!"

그때 아버지는 당황한 표정으로 한동안 아무 말도 못 하셨다. 이제 막 공부를 시작했는데 지방 국립대학교, 인서울 대학교도 아니고 서울대학교를 목표를 했으니 말이다. 아버지는 나에게 "다시 한 번 생각해보고 내일 얘기하자."고 했고 다음날 다시 상담을 했다. 나는 확고하게 서울대학교가 목표라고, 서울대가 아니면 대학을 가지 않겠다고 말했다. 나의 확고한 의지에 아버지도 두 손 두 발을 다 들었고 나의 목표를 응원해주기로 했다.

서울대에 합격하고 아버지에게 그때의 심정을 물어본 적이 있었다. 아버지께서는 "서울대가 옆집 애 이름도 아니고 하나뿐인 아들이지만 정신이 나간 거 아닌가?"라고 생각했다고 하신다.

꿈에 그리는 서울대를 보러 직접 서울로!

중학교를 졸업하고 고등학교에 입학하기 전까지 2주 정도의 시간이 있었다. 마침 아버지도 봄방학 중이셨다. 목표가 서울대 체육교육과로 정해지고 나서 아버지와 나는 KTX를 타고 1박 2일로 서울투어를 했다.

나의 목표이자 모든 입시생들의 꿈인 서울대를 내 눈으로 직접 보기 위해서!

서울역에 도착해서 지하철과 시내버스를 타고 서울대에 도착하니 말로만 듣던 서울대 정문이 눈 앞에 있었다. 마침 그날은 햇살이 강하게 비추었다. 강한 햇살을 배경으로 서울대 정문의 사진을 먼저 찍었다. 나도 서울대 정문을 배경으로 사진을 찍었다. 이 사진을 고등학교 때 나의 자습실 책상 앞에 붙여두었다. 매일 아침부터 공부하는 내내 볼 수 있게!

서울대학교는 내가 생각한 것과는 비교도 안 될 정도로 컸다. 학교 안에 셔틀버스, 시내버스, 택시, 승용차들이 다녔다. 오토바이와 자전거를 타고 다니는 사람들도 있었다. 내가 목표한 체육교육과와 관련된 시설들은 정문 근처에 있었다. 체육관도 컸는데 종합운동장은 말도 안되게 컸다. 인조잔디 축구장은 물론이고 육상트랙까지 있었다. 누가 예상이나 할 수 있었을까? 저 운동장에서 나의 대학생활의 80%를 보내게 될 것을!

체육관과 종합운동장을 둘러보고 잔디밭, 강당과 연못이 있는 곳도 가보았다. 나중에 알고 보니 총장 공관앞 잔디밭, 대강당, 자하연으로 불리는 서울대학교의 중심이 되는 곳이었다. 여기서 축제, 공연과 각종 행사들이 많이 열린다. 강당으로 가는 길에 벤치가 있길래 아버지와 나는 거기에 앉아서 삶은 계란을 먹었다. 마침 서울대생이 걸어가고 있길래 사진을 찍어달라고 부탁했다. 7년 뒤, 대학교 4학년 때 아버지와 나는 그 자리에서 사진을 다시 찍게 된다.

서울대 투어를 하고나니 서울대학교를 가고 싶다는 열망이 더욱 강해졌다. 3년 뒤에 내 실력으로 당당하게 합격해서 나를 무시하고 비아냥거린 사람들에게 통쾌하게 복수하고 서울대생으로 멋지게 캠퍼스를 누비고 싶었다. 이미 학교를 다니고 있는 서울대 학생들이 너무나도 부러웠다. 서울대 투어를 마치고 그냥 집에 가기는 아쉬웠다. 아버지와 함께 명동, 종로, 인사동, 경복궁 등 서울의 유명한 곳도 여행했다. 맛있는 것도 먹고 사진도 찍으며 추억을 남겼다. 학교뿐만 아니라 다른 곳도 여행하니 서울대 합격을 더욱 강하게 상상할 수 있었다. 캠퍼스를 누비는 것뿐만 아니라 쉬는 날에는 좋은 곳에 놀러도 다니며 대학생활을 즐기는!

나는 고등학교 들어가기 전에 누구보다 제대로 준비를 했다. 중학교 내용을 총 복습하는 것은 물론이고 목표 대학과 학과를 선정하고 시각화까지! 서울대 합격을 이루기 위해 3년 동안 목숨을 걸고 공부하는 것만이 내가 해야 하는 모든 것이었다!

"한 번뿐인 인생, 최고에 도전하자!"

06 장기간의 슬럼프 극복후
드디어 전교 1등 찍다

중학교와는 차원이 다른 고등학교 공부

우여곡절 끝에 고등학교에 입학했다. 누구나 그렇듯 나 또한 입시지옥에 들어온 것이다. 말로만 들었던 것 이상으로 고등학교 공부는 중학교와는 비교가 안됐다. 난이도는 물론이고 학교에서 공부하는 시간이 엄청나게 많았다. 중학교 때는 선생님들이 학생들의 이해도에 따라 수업을 나간다.

고등학교 선생님들은 그런 것에 신경 쓰지 않고 수업 진도를 빠르게 나간다. 고등학교 공부는 내신뿐만 아니라 모의고사와 수능 진도를 맞춰야 하기 때문이다. 진도를 빠르게 나가도 내신, 모의고사 범위를 맞추기가 쉽지 않다. 그만큼 공부해야 할 양이 많다는 것이다. 그런데 내용은 중학교 때보다 훨씬 어려우니 학생들 입장에서는 죽어날 수밖에 없다.

수업이 9시에 시작되는 것은 중학교와 같았지만 고등학교는 1교시 수업 전에 보충수업을 하는 경우가 많았다. 정규수업이 끝나면 중학교 때처럼 집에 가지 않고 보충수업이나 자습을 했다. 저녁에는 지정된 자습실에서 7시부터 11시까지 선생님들의 감독 아래 야간 자율학습을 한다. 야간 자율학습이 끝나고 집에 가면 11시 반에서 12시 사이가 되었다. 고등학교는 주말도 없었다. 주말에도 학교에 나와서 자습실에서 아침부터 밤까지 공부를 해야 했다.

고등학교에 입학하고 3개월 정도, 첫 중간고사까지는 고등학교 생활에 몸을 적응시켜야 했다. 아침부터 밤 그리고 주말까지, 학교에서 공부하며 수업시간과 패턴을 파악했다. 수업시간 사이의 쉬는 시간, 점심시간은 물론이고 저녁시간과 자습시간 사이에 있는 쉬는 시간까지 파악했다. 자투리 시간을 활용해서 공부를 안 하면 도저히 따라갈 수가 없었다.

고등학교 생활에 적응시키면서 메인수업과 보충수업 진도를 따라갔다. 중학교 때 형성한 자기주도 학습 습관이 고등학교에서 공부하는 데 많은 도움이 되었다. 수업 전에 예습을 하고 수업 때 집중해서 핵심내용을 필기했다. 최대한 그날 배운 내용을 복습하고 정리했고 시간이 부족하면 주말에 마저 했다. 모르는 것이 있으면 수업시간이나 쉬는 시간에 질문했다. 고등학교는 야간 자율학습, 주말 자율학습도 했기에 그때 해당 과목 선생님께서 감독을 맡으시면 몰아서 질문하기도 했다.

고등학교 때는 수능을 위한 공부를 해야 했기 때문에 학교 수업 외에 별도의 추가공부를 했다. 중학교 때와는 차원이 다른 노력과 집중력으로 기계처럼 공부했다. 그렇게 공부를 하다가 고등학교 첫 시험을 보았다.

고등학교 1학년 성적(점수/등급)		
	1학기	2학기
국어	89/2	92/2
영어	94/1	93/2
수학	91/2	70/3
국사	94/1	96/1
사회	93/1	93/1
과학	83/2	87/2
기가	99/1	94/2
도덕	96/1	87/1
체육	92/2	95/1
음악	93/2	83/3
미술	80/4	82/4

1학기 중간, 기말고사 성적을 종합해보니 예상한 것보다 성적이 잘 나왔다. 남지고등학교에는 지역 내의 남중, 여중뿐만 아니라 다른 지역에서도 학생들이 왔다. 한 학년의 전교생은 150명, 중학교 때의 2배이고 남

녀공학이다. 전교생 150명 중에 내가 전교 3등을 한 것이다! 나는 자신감을 가지고 2학기 때도 똑같은 전략으로 공부를 하고 내신을 준비했다.

기존 공부법에 한계를 느끼고 새로운 공부법을 찾다

그런데 2학기 성적은 1학기 때보다 안 좋았다. 오히려 잘하던 과목들 중에 떨어진 과목들이 많았다. 가장 잘하는 과목인 영어부터 등급이 떨어졌고 수학은 20점이나 넘게 점수가 떨어졌다. 내신과 수능에서 가장 비중이 높은 국어, 영어, 수학 성적이 안 좋다는 것에 큰 충격을 받았다. 아무리 공부를 열심히 해도 성적이 오르기는커녕 떨어지기 시작했다.

나는 이대로 가다가는 큰일이 나겠다는 생각이 들었다. 과목별 공부법을 바꾸어야겠다고 생각했다. 공부습관은 형성되어 있었기에 책을 보고 공부할 때의 방법을 알아내기로 한 것이다. 학교, 책, 온라인, 오프라인 만남 등 내가 할 수 있는 모든 방법을 총동원했다. 2~3개월 정도 집중해서 조사를 한 결과 나의 공부법이 시대와 시험에 맞지 않다는 결론을 내렸다. 아무리 죽어라 공부를 해도 성적이 오르지 않고 떨어진 이유를 찾은 것이다. 나는 다양한 방법으로 조사한 것들을 종합해 나만의 공부법을 만들었다. 이 공부법에 관한 이야기는 이 책의 2장부터 본격적으로 다뤄보겠다.

슬럼프를 극복하고 전교 1등이 되다

고등학교 2학년이 되면 문, 이과가 정해진다. 고등학교 1학년 때는 공통과목을 배웠다면 2학년부터는 심화과목을 배우게 된다. 심화과목마다 보충수업이 있다. 자연스럽게 공부의 양과 난이도는 1학년보다 훨씬 많아지고 어려워진다. 시험방식도 수능, 모의고사와 똑같이 바뀌었다. 시험시간, 시험문제와 난이도까지. 심지어 시험범위는 누적되었다. 2학기 기말고사 때는 책 한 권이 시험범위가 되는 것이다.

이러한 상황에서 내가 이때까지 해보지 않은 새로운 공부법까지 적용하려다 보니 힘든 점이 이만저만 아니었다. 공부할 양은 많고 내용은 어려운데 제대로 된 방법으로 하려고 하니 공부시간이 훨씬 오래 걸렸다. 시험기간 때는 새벽 2시에 자고 새벽 6시에 일어나는 생활을 했다. 그럴수록 불안감과 걱정에 휩싸였다.

"내가 잘할 수 있을까? 가능할까?"

몸은 피곤이 겹쳐 갈수록 지쳐갔다. 수업에도 집중이 되지 않았다. 나는 1학기 중간고사를 준비하는 기간에 우울증과 불안증이 같이 왔다. 심리적으로 힘드니까 기초적인 내용조차도 이해가 되지 않았다. 공부하면서 처음으로 슬럼프를 만나게 된 것이다. 약 2~3주 정도 이 증상이 지속되었다. 중간고사는 일주일 앞으로 다가왔다.

휴식과 우선순위 중심의 공부 스타일을 찾다

그때 나의 구세주가 나타났다. 바로 아버지였다. 아버지는 내가 공부하는 것에 대해 한 번도 터치를 하신 적이 없다. 하지만 아버지는 시험공부의 달인이었다. 아버지는 사립학교에서 근무하다가 그 어렵다는 임용고시를 삼수 만에 합격했다. 아버지는 내가 스트레스를 받으며 힘들어하는 것을 보고 조언을 하셨다.

"휴식도 공부다. 쉬면서 해야 한다!"
"모든 것을 다 완벽하게 하려고 하지 마라!"
"우선순위를 두고 '중요한 것'부터 집중적으로 해라!"

나는 그전까지는 쉬는 것은 낭비라고 생각하고 기계처럼 공부했다. 모든 것이 다 중요하다는 생각에 시험에 나오지 않는 사소한 부분까지 공부했다. 안 그래도 할 것이 많은데 중요하지 않은 사소한 부분까지 공부하려고 하니 더욱 스트레스를 받았던 것이다. 나는 아버지의 조언을 따라 마음을 가다듬었다.

'급할수록 마음의 여유를 가지고 쉴 때 쉬자. 모든 것이 다 중요한 것이 아니다. 중요한 것 중심으로 공부하자.'

고등학교 2학년 성적(석차/재적수)		
	1학기	2학기
국어	93/1	84/3
영어	95/1	91/2
수학	73/2	78/2
근현대사	97/1	97/1
법과 사회	95/1	92/2
정치	91/1	91/2
컴퓨터	91/2	93/1
일본어	89/2	89/2
한문	99/1	94/1
체육	95/1	95/1

'우선순위'를 정하고 집중적으로 공부하고 휴식시간도 계획에 포함시켰다.

아버지의 조언대로 우선순위 중심으로 공부하고 휴식을 활용하니 공부할 양은 생각보다 많지 않았다. 공부의 효율과 집중력도 높아졌고 시간활용도 잘 되었다.

그 결과 나는 전교 1등을 했다!

2등과의 점수 차이는 단 1점이었다! 내신 성적뿐만 아니라 모의고사 성적도 평균 4~6등급에서 2~3등급으로 상승했다. 입시를 하면서 가장 힘든 시기를 극복하고 내신 1등을 하고 모의고사까지 잡은 것이다!

나는 고등학교 2학년 때 나만의 공부법뿐만 아니라 휴식과 우선순위 중심의 공부를 마스터했다. 다른 친구들은 시간이 지날수록 누적되는 공부량과 어려워지는 난이도에 힘들어했다. 고등학교 2학년 공부를 하고 입시를 포기하는 친구들도 많았다. 하지만 나는 자기주도 학습과 이해 중심의 공부를 했기에 공부의 양이 많고 난이도가 어려워도 이제는 두렵지 않았고 오히려 더 큰 기회라는 느낌이 왔다. 난세에 영웅이 탄생한다는 말처럼 오히려 합격에 대한 확신과 공부에 대한 자신감을 가지고 고등학교 3학년을 준비했다.

07 4년 4개월의 공부,
서울대 합격으로 인생역전 하다!

고3, 내신 경쟁과 수능과의 전쟁!

진짜 입시는 고3 때부터 시작이 된다. 아무리 고1, 고2 때 성적이 좋고 공부를 잘했다고 해도 고3 때 무너지면 다 무너지는 것이다. 반대로 고1, 고2 때는 조금 못하고 부족했어도 고3 때 뒷심을 발휘해서 잘하면 입시에 성공할 수 있다. 나 또한 2년 동안 서울대에 가기 위한 준비를 했지만 서울대를 갈 만한 학생은 아니었다. 수시는 고3 1학기 성적과 활동까지 반영하고 이때의 성적이 가장 많은 비중을 차지한다. 나는 고3을 잘 보내기 위한 준비를 잘 해야 했다. 그 기회는 바로 고2 겨울방학에 있었다.

다른 친구들은 고2 겨울방학 때 인강과 보충수업을 들으며 고3 때 배울 과목에 대해 예습을 했다. 고3이 다가오니 다들 수능, 모의고사 문제집을 가지고 문제풀이에 열중했다. 하지만 나는 그러지 않고 오히려 반대로 갔다. 고2 겨울방학이야말로 수능 총정리를 할 수 있는 마지막 기회라고 생각했다. 수능 때 볼 과목에 대한 개념을 총정리하고 기초실력을 다시 점검했다. 처음에는 남들은 예습하고 문제풀이 할 때 복습을 하니 늦지 않을까 생각했지만 시간이 지날수록 이 길이 더 빠른 길이라고 확신했다. 수능 때 볼 전 과목에 대한 총정리와 기초실력 다지기로 고2 겨울방학을 누구보다 알차게 보내고 고3을 맞이했다.

고등학교 3학년이 되니 그야말로 전쟁이었다. 수능일 카운팅이 시작되다 보니 모든 학생들이 하루라도 더 열심히 공부하느라 바쁘고 정신없었다. 평소에 공부를 안 하던 학생들도 어느 대학이든 가야겠다는 생각에 공부를 하기 시작했다. 2년 동안 놀던 학생들이 야간 자율학습을 하고 보충수업까지 듣기 시작했다. 대학 원서를 쓰려면 선생님 추천서도 필요하기에 평소에는 교무실에 들어가는 것 자체를 꺼리던 학생들이 교무실에도 매일 갔다.

고3이 되니 나는 다른 친구들과 다르게 실질적인 공부량은 적었지만 준비하고 신경 쓸 것은 더 많았다. 3월부터 8월까지는 내신시험, 수능 문제풀이와 자기소개서를 위한 활동에 집중했다. 1학년 1학기부터 3학년 1

학기까지 내신 종합 성적이 전교 3등 안에 들어야 서울대 수시 원서에 지원을 할 수 있었다. 내신은 누가 전교 3등 안에 들어갈지 경쟁하느라 마지막까지 치열했다. 3학년 1학기 내신이 어떤 시험보다 중요하기에 학교 수업을 더 열심히 들었다. 학교 수업 외에 보충수업도 과목마다 진행이 되어 같이 따라가야 했다.

  3학년 1학기 내신이 끝나고 종합성적을 기다리면서 너무 떨리고 긴장이 되었다. 3년을 누구보다 열심히 노력했는데 지원도 못 할지도 모른다는 생각을 하니, 그것보다 억울한 것은 없었다. 그것은 곧 내가 간절히 원했던 꿈과 목표를 못 이루는 것이었다. 나아가서는 나를 무시하고 비아냥거렸던 사람들에게 나를 증명할 수 있는 기회조차 못 가지는 것을 의미했다. 나의 간절함이 잘 전달되었는지 나는 극적으로 전교 3등을 해서 서울대학교 수시원서를 지원할 수 있는 자격을 갖추게 되었다. 너무나 기뻤고 이제 내가 집중해야 할 것은 수능과 자기소개서였다.
  수능은 실전문제를 풀며 실력을 기르고 부족한 부분을 보완하는 공부를 했다. 수능은 총 8과목을 지원했다. 국어, 영어, 수학, 사회탐구4과목과 제2외국어까지! 서울대는 한국사는 물론이고 제2외국어까지 응시를 해야 했다. 서울대의 다른 과들은 제2외국어를 봤지만 다행히 체육교육과는 제2외국어를 성적으로 반영하지 않았다. 그럼에도 내가 제2외국어까지 지원한 이유는 수능시험 환경 때문이었다. 제2외국어를 응시하는 학생들은 SKY에 지원하는 학생들이 대부분이다. 그래서 수능 날 최적의 환경에서 시험을 볼 수 있다고 생각해서 제2외국어도 지원했다. 내신공부만 해도 벅찬 상황에서 수능 7과목에 대해 문제 풀고 분석하고 부족한 부분에 대한 공부를 했다. 특히 나는 고3 때 배우는 사회 4과목 중에서 수능에서는 1과목만 선택했고 나머지 3과목은 고1,2 때 공부했던 과목에서 선택했다. 수능 때 보는 사회 4과목을 포함해서 사회과목만 고3 때 6과목이나 공부했다.

내신과 수능을 위한 공부를 하면서 자기소개서를 위한 활동도 같이 해야 했다. 고3 때는 체육부장을 맡아 체육선생님과 함께 체육대회를 준비했다. 체육대회 우승, MVP가 목표였기에 공부하면서 틈틈이 운동도 했다. 나는 축구, 1500m 달리기, 계주에 참가했고 전 종목에서 우승했다. 그 결과 목표했던 종합우승과 MVP를 차지했다. 봉사활동 시간도 채워야 해서 주말을 활용해 요양병원 봉사활동도 갔다. 공부시간도 부족했던 시기라 책을 들고 가서 쉬는 시간에도 공부했다.

수능 3개월을 남겨놓고 찾아온 불안

이 과정에서 한 번은 너무 할 것이 많고 힘들어서 울었던 적이 있다. 내 의도와는 상관없이 그냥 저절로 눈물이 나왔다.

'진짜 될 수 있을까?'

'이렇게 노력했는데 안되면 어쩌지?'

'지금이라도 목표를 낮출까?'

그냥 모든 것을 내려놓고 싶을 정도였다. 이때가 수능시험이 3개월 정도 남았을 때였다. 하지만 나는 다시 마음을 다잡았다.

'이제는 공부한 시간보다 공부할 시간이 훨씬 적게 남았다. 아직 원서도 넣지 않았고 수능도 보지 않았기에 결과는 아무도 모른다. 누구보다 목숨 걸고 노력했는데 여기까지 와서 포기하는 건 말이 안 된다. 되든 안되든 마지막까지 후회를 남기지 않고 노력해보자. 무엇보다 나를 무시했던 사람들에게 내가 옳았다는 것을 증명하기 위해서 더욱 강해지고 무조건 버틴다!'

심리적으로 답답하고 힘들었던 시기를 더욱 큰 노력으로 극복하고 9월을 맞이했다. 9월은 수시 원서접수가 시작되는 달이었다. 내가 3년 동안 쌓은 스펙들을 정리해서 한 달 동안 자기소개서를 썼다. 지원동기, 학업계획, 학업을 위한 노력, 어려움을 극복한 경험, 교내외 활동 5가지와 독후감 3권을 써야 했다. 자기소개서 분량은 약 8,000자 정도였다. 나는 주말을 활용해서 2주 만에 자기소개서를 다 썼다. 남은 2주 동안은 선생님의 도움을 받아 수정했다. 서울대학교만이 목표였기에 다른 학교에는 원서를 넣지 않았고 서울대학교 원서만 지원했다. 수시원서를 제출하자마자 막판 수능 공부에 올인했다.

기적적으로 서울대 합격을 하다

2009년 11월 12일, 대망의 수능시험을 치렀다. 누구보다 열심히 공부하고 준비했기에 수능 날은 떨지 않고 무난하게 시험을 잘 치루었다. 하지만 입시의 진짜 시작은 수능이 끝나고 난 후였다. 친구들은 수시 발표가 빨리 나서 대학합격이 확정되었다. 나의 경우에는 서울대 수시 1차 발표가 수능이 끝나고 2주 뒤였다. 수시합격을 보장할 수 없었기에 정시 준비를 같이 했다. 정시는 2학기 내신도 들어가기에 남들은 수능 끝나고 다 놀 때 나 혼자 내신시험 공부를 했다. 정시에서는 실기의 비중도 크기에 실기학원에 등록해서 실기 준비도 병행했다.

2009년 11월 26일, 나는 정시 실기 준비를 하고 있었다. 수시합격에 대해 계속 상상했지만 마음을 비운 상태였다. 오전 훈련이 끝나고 아버지로부터 전화가 왔다. 나는 마음의 준비를 하고 전화를 받았다.

'아…. 서울대는 이렇게 물 건너 가는구나. 이제 정시에 올인해야겠다.'

그런데 서울대 수시 1차에 합격했다는 소식을 아버지가 전해주셨다! 나는 너무 놀랐고 합격소식을 듣자마자 짐을 다 싸고 실기학원을 그만두고 학교로 왔다. 일주일 뒤에 있을 2차 면접 준비를 해야 했기 때문이다. 나와 함께 지원한 전교 1, 2등 친구들은 1차에 불합격했다고 했다. 면접은 누구보다 자신이 있었고 선생님들도 2차 면접은 무조건 붙을 수 있다고 했다.

면접은 일주일 뒤에 바로 있었다. 하지만 중요한 것은 서울대학교 체육교육과 면접 정보가 없었다는 것이다. 지방에는 서울대 지원은 생각조차 하지 않기에 체대 입시학원들도 아는 것이 없었다. 때마침 우리 학교에 멘토링 봉사활동으로 왔던 '서울대학교 프로네시스 나눔실천단' 형, 누나들이 생각났다. 형, 누나들에게 주변에 체육교육과에 다니는 분이 없냐고 물어봤다. 다행히 체육교육과 동기가 있다고 하신 형이 있어 나한테 동기 분의 연락처를 주었다. 연락처를 받자마자 바로 연락을 했고 다음날 보자고 했다. 면접에 필요한 각종 자료들과 짐을 싸서 다음날 KTX를 타고 서울로 갔다.

서울에 가서 소개를 받은 분을 만났는데 서울대학교 체육교육과 08학번이었고 이름은 양선화였다. 양선화 선배는 나한테 SKY 전문 체대 입시학원을 소개해주었다. 나는 그 학원에 가서 원장님과 상담을 하고 그날 바로 등록했다. 그때가 체대입시 시즌이라 다들 실기를 준비하느라 바빴다. 실기를 준비하는 그들과 다르게 나는 아침부터 밤까지 면접을 준비했다. 원장님으로부터 면접 비법과 전략을 배우고 시뮬레이션까지 완벽하게 했다.

2009년 12월 5일, 서울대학교에서 수시 2차 면접을 보았다. 면접시간은 딱 10분이었다. 처음에는 떨리기도 했지만 교수님들의 질문에 당황하지 않고 자신감 있게 답변을 했다. 일주일 동안 밤낮 가리지 않고 면접 준비를 한 보람이 있었다. 면접 결과는 일주일 뒤에 나왔다. 2차에서 떨어질 수도 있으니 정시 실기 준비를 했다. 천국과 지옥을 오갔던 일주일이었다. 하루하루가 피 말리고 하루에도 수백 번씩 마음이 왔다 갔다 했다. 붙으면 대박, 떨어지면 정시준비를 시작해야 했고, 최악의 경우에는 재수까지 생각해야 했기 때문이다.

2009년 12월 11일, 다른 동기들의 실기 준비를 도와주고 쉬는 시간에 휴대폰을 봤는데 문자가 여러 통 와 있었다. 확인해보니 서울대 합격문자였다. 원래는 합격 발표일이 12월 12일이었기에 나는 장난 문자인줄 알았다. 확인해보니 서울대는 합격 전날에 주로 발표를 한다고 했다.

내가 간절히 바라고 바랐던 서울대 합격을 드디어 이루어낸 것이다!
서울대에 합격하니 축하를 너무나도 많이 받았다. 합격을 하고도 어안이 벙벙해서 한동안 어쩔 줄 몰랐다. 내가 서울대생이 되었다는 사실이 믿기지 않았다. 아버지는 합격 소식을 듣자마자 바로 서울에 오셨다. 같이 저녁을 먹고 하룻밤 자고 고향으로 내려갔다. 고향에 도착하니 플랜카드가 6~7개 정도 걸려 있었다. 사람들의 나를 바라보는 시선과 태도

▲서울대 합격 축하 현수막

가 완전히 달라져 있었다. 합격하고 나자 EBS 〈공부의 왕도〉에서 연락
이 왔다. 촬영을 끝내고 얼마 후 나의 합격스토리가 전국적으로 방송되
었다.

졸업할 때는 수많은 사람들 앞에서 서울대 합격축하를 받았고 상이라
는 상은 내가 다 차지했다. 축구를 그만두고 4년 4개월 동안 목숨 걸고
공부한 보상을 받은 것이다! 축구선수가 서울대생이 되어 인생역전을 한
것이다!

2장

입시공부에 대한 편견 깨부수기

01 왜 죽어라 공부해도 성적이 오르지 않을까?

공부법의 문제 – 언제까지 암기하고 문제풀이 할래?

대한민국 수험생 중에서 열심히 공부하는 사람보다 공부하지 않는 사람을 찾기가 더 힘들 것이다. 아침 일찍 일어나 등교해서 아침 9시부터 오후 4~5시까지 정규수업을 듣는다. 정규수업 전과 후에는 보충수업을 듣거나 자습을 한다. 저녁이 되면 학교에서 야간 자율학습을 하거나 학원에 간다. 야간 자율학습이 끝나고 나서도 학원을 가는 학생들이 있다. 집에 오면 빨라도 밤 12시, 늦으면 새벽 2시가 된다. 주말이라고 예외는 없다. 평일에 못 갔던 학원을 가거나 학교자습실, 도서관, 카페 등에서 공부한다. 공부기계나 다름없다는 생활이다. 군대보다 '빡센' 살인 스케줄이다.

그런데 왜 이렇게 죽어라 공부해도 성적이 오르지 않을까? 오히려 공부할 때보다 안 할 때 성적이 좋은 경우도 있다. 대한민국 학생들처럼 공부를 많이 하는 나라는 거의 없다. 그럼에도 불구하고 성과가 없다는 것은 심각한 문제다. 나의 직간접적인 경험의 결과, 보통 학생들은 공부방법이 잘못되었다. 제대로 된 방법을 모르고 공부하기에 헛다리만 짚고 고생만 하는 것이다.

대부분의 수험생들은 아직도 부모님 세대 방식으로 공부한다. 영어는 단어가 전부인 것처럼 생각하고 열심히 외운다. 영어단어 외우기 올림픽을 개최하면 아마도 우리나라 학생들이 챔피언을 차지할 것이다. 수학은 공식암기와 문제풀이를 위한 공부만 한다. 공식을 달달 외우고 문제를 풀고 답을 확인하고 다음 문제로 넘어간다. 탐구과목은 암기가 전부라며 내용을 읽고 밑줄치고 정리하고 외우기만 한다. 이렇게 공부를 하니 하루 종일 앉아서 공부를 해도 성적이 안 나오는 것이다.

암기와 문제풀이 위주의 공부는 부모님 세대에는 맞는 방식이다. 학력고사 세대에서는 암기와 문제풀이를 잘 해야 성적을 잘 받을 수 있었다. 시험이 영어단어와 수학공식 등을 외워야 풀 수 있는 문제들로 구성되었다. 하지만 지금은 이 공부 방식이 통하지 않는다. 수능뿐만 아니라 내신까지도 이해, 응용, 통합 유형의 문제들이 나온다. 단순히 암기와 문제풀이만 해서는 절대로 풀 수 없는 문제들이다. 그럼에도 대부분의 수험생들은 여전히 암기와 문제풀이가 답이라고 생각하고 공부한다. 성적이 안 나오면 자신의 노력이 부족하거나 학원을 더 가지 않아서라고 이유를 댄다. 공부하는 방법에 문제가 있다는 것은 생각하지도 못하는 것이다.

입시전략의 문제 – 전교 1등, 수능 만점이 능사가 아니다!

공부 방법만큼 잘못 알고 있는 것이 있다. 성적을 올려서 전교 1등이 되고 모의고사 1등급을 받으면 좋은 대학을 갈 수 있을 것이라고 생각하는 것이다. 이 또한 부모님 세대에 맞는 얘기다. 그때는 대학과 학과가 성적순으로 나뉘어져 있었다. 성적표를 보고 해당 성적에 맞는 대학에 지원한다. 하지만 지금은 수능 만점을 받아도 서울대학교에 못 가는 시대다.

나는 공부법 코칭을 할 때 수많은 학생들에게 강조했다.

"목표 대학, 학과를 정하고 이를 바탕으로 한 입시전략을 수립하지 않으면 절대로 공부를 시작하지 마라. 일단 공부하고 성적 올려서 좋은 대학에 가겠다는 것은 대학을 가지 않겠다는 것이다. 올해 입시에서 수능 만점을 받음에도 불구하고 서울대학교에 합격하지 못하는 학생이 나온다."

2장_입시공부에 대한 편견 깨부수기

이때가 2013년 12월~1월경이었다. 딱 그해, 2014년 입시에서 자연계 유일한 수능 만점자가 서울대 의대에 떨어졌다는 기사가 나왔다. 그 학생이 서울대 의대에 불합격한 이유는 면접성적이 좋지 않았기 때문이다.

그 학생이 본인이 지원하고자 하는 학과의 전형을 제대로 파악하고 제대로 전략을 수립했다면? 면접 준비도 수능만큼 철저히 했다면? 당연히 서울대 의대에 수석으로 입학을 했을 것이다.

본인이 죽어라 공부해서 수능대박을 쳤다고 가정하자. 그런데 본인이 지원하고자 하는 학과에서 수능성적을 많이 반영하지 않는다면? 3년 동안 힘들게 수능을 공부했는데 정작 대학입학을 못 하는 것이다.

지금은 모든 수험생들이 한국사 시험을 필수로 본다. 내가 수능을 볼 때까지만 해도 한국사는 서울대만 필수였다. 그때 당시에 모의고사 성적은 바닥이었는데 수능에서 대박이 난 학생이 있었다. 그 학생은 당연히 서울대에 합격할 줄 알고 지원을 했다. 그런데 결과는 불합격이었다. 수능 선택과목에 한국사를 넣지 않은 것이었다. 그 학생은 재수를 했는데 수능 당일 몸이 안 좋아서 재수 수능을 망쳤다고 한다.

입시는 노력으로 가는 것이 아니라 철저한 전략으로 한다. 전략 없이 공부한다는 것은 목적지 없이 고속도로에 진입한 것과 같은 꼴이다. 어디를 갈지 모른 채 스피드만 내서 달리는 것은 아주 위험한 행동이다. 목적지가 없기에 갈림길이 나올 때마다 어디로 가야할지 방황하다 우선 보이는 곳으로 들어간다. 그러다 사고가 나거나 전혀 다른 길로 빠지게 된다. 어찌 보면 대한민국의 많은 수험생의 모습은 목적지 없이 고속도로에 진입한 자동차와 같다.

사교육에 의존하는 문제 – 혼자 공부하는 시간이 필수다

공부법, 입시전략과 함께 가장 잘못 생각하는 것이 학원과 인강이다. 수험생들은 학원, 인강 수업 들은 것을 열심히 공부했다고 생각한다. 그들은 학교 수업 외에 인강, 학원, 과외를 듣는 데 많은 시간과 돈을 쏟는다.

'학교 수업만으로는 공부가 안되고 진도를 따라갈 수가 없다.'
'학교 선생님보다 학원, 인강 강사가 더 잘 가르친다!'

다양한 이유가 있다. 학교 수업에 와서는 졸거나 학원, 인강, 과외에서 내주는 과제를 한다. 그들에게 있어 학교는 휴식처이거나 사교육의 연장선일 뿐이다.

예습, 수업보다 훨씬 중요한 것은 복습이다. 아무리 수업을 많이 듣고 머릿속에 많이 넣어도 내 것으로 만드는 시간을 가지지 않으면 밑 빠진

독에 물 붓기다. 그렇다고 학원, 인강, 과외 선생님이 개념을 정리해주고 문제를 풀어주는 것은 복습이 아니다. 혼자 공부하는 시간을 확보해서 스스로 공부하는 것이 복습이다.

대치동에서 공부법 코칭을 할 때였다. 내가 담당한 학생은 중학교 3학년이었다. 그 학생은 아무리 열심히 수업을 듣고 공부해도 성적이 어느 순간 오르지 않는다는 고민이 있었다. 공부법 코칭을 할 때 과목별 성적과 함께 보는 것이 혼자 공부하는 시간이 얼마나 확보되어 있냐이다. 그 학생의 공부시간표를 보니 학교 수업이 끝나고 나서 밤늦게까지 국어, 영어, 수학학원을 다녔다. 심지어 수학학원은 3개나 되었고 주말까지 학원을 다녔다. 이 학생은 공부법 코칭을 받으러 와서도 학원에서 내주는 과제를 하기 바빴다. 혼자 공부할 수 있는 시간은 찾을 수가 없었다. 학생의 어머님과 상담을 했는데 이렇게 말했다.

"코치님, 우리 아이는 수학학원을 3개를 보냈는데도 성적이 그대로예요. 학원을 하나 더 보내야 할까 봐요!"

일주일 내내 학원을 새벽까지 다녀서 이제는 학원을 추가할 시간이 없는데도 학원을 더 다녀야 성적이 오를 것이라고 생각한 것이다.

"어머님, 이 학생이 성적을 올리는 데 있어서 가장 중요한 것은 불필요한 학원을 그만두는 것입니다. 학교 수업에 집중하고 딱 필요한 학원만 선정하고 혼자 공부하는 시간을 확보해야 합니다. 그 시간에 학교와 학원에서 배운 것을 자신의 것으로 만들어야 합니다. 그것을 바탕으로 스스로 문제를 풀고 분석해서 부족한 부분을 파악 및 보충해야 합니다. 그래야만 성적이 오릅니다. 학원을 계속 다니는 것은 시간 낭비, 돈 낭비입니다. 오히려 성적이 더 떨어집니다!"

이 이야기를 들은 어머님은 나를 믿고 불필요한 학원을 끊었다. 나는 그 학생한테 혼자 공부하는 시간에 무엇을, 어떻게 공부해야 하는지 알려주고 피드백을 해주었다. 그 결과 이 학생은 2~3개월 만에 자신의 한계였던 점수를 뛰어넘었다.

우리나라 수험생들은 21세기에 살고 있으면서 아직도 부모님 세대의 방식으로 공부하고 있다. 입시전략이 전혀 없고 단순한 수업듣기와 암기, 그리고 문제풀이에만 의존하는 잘못된 방법으로 공부한다. 학원과 인강이 모든 것을 해결해준다고 생각하고 여기에만 시간, 돈과 에너지를 쏟는다. 이 말은 곧 자기주도 학습이 전혀 되어 있지 않다는 의미다. 죽어라 공부해도 성적이 나오지 않는 이유다.

02 진짜 공부는 수업 이후에 시작된다

'교과서 중심 공부'의 함정

"학교 수업 열심히 듣고 교과서만 열심히 봤어요."

매 해 수능 만점자들과 서울대 합격생이 하는 단골 멘트이다. 좋은 성적을 받기 위해서는 학교 수업과 교과서 중심으로 공부를 해야 하는 것은 맞다. 하지만 그들이 과연 학교 수업과 교과서만으로 공부해서 수능 만점을 받고 서울대에 합격했을까?

나는 이 말에 절대로 동의하지 않는다. 학교 수업과 교과서만으로 최상위 성적을 받고 서울대 합격을 하는 것은 불가능하다. 나부터가 그러지 않았다. 나는 처음 공부할 때 학교 수업 외에 보충수업, 학원, 공부방을 다니고 인강까지 들었다. 기초를 다지고 부족한 부분을 보완하며 수업 때는 배울 수 없는 부분들을 배웠다. 학교 수업이 끝나면 그날 배운 내용을 노트에 다시 정리하며 내 것으로 만드는 것을 가장 우선으로 했다. 그 다음에 학원과 공부방에서 내주는 과제를 하고 배운 내용을 복습했다. 복습하는 과정에서 모르는 부분이 생기면 따로 정리를 했다가 선생님께 물어봤다. 그래도 잘 모르면 그때 인강을 활용해서 보완했다.

예습은 기본, 수업은 필수, 복습이 가장 중요하다!

하지만 진짜 공부는 수업 이후에 있다. 부족한 부분을 보충하기 위해 학원을 다니고 인강을 듣는 것을 반대하는 것이 아니다. 배운 내용을 자신의 것으로 만드는 것, 복습이 가장 중요하다는 것이다. 대부분의 학생들은 수업 이후는 생각하지 않고 오직 예습과 수업에 초점에 맞춰 공부를 한다. 복습의 중요성을 알고 있다 해도 학원과 인강 수업으로 시간표가 가득 차 있어 복습할 시간 자체가 없다.

나 또한 이런 경험이 있었다. 중3이 되니 중2 때보다 공부의 양도 늘어나고 난이도도 어려워졌다. 시험범위도 중2와는 비교도 안 될 정도로 많았다. 수행평가와 과제도 하루만 놓치면 따라갈 수 없을 정도였다. 학교 수업만 따라가는 것도 벅찼다. 학원, 공부방에서 배우는 내용은 복습은

커녕 과제도 못 하고 가는 경우가 많았다.

처음에는 내가 실력이 부족하니 실력이 쌓이면 괜찮아질 것이라고 생각했다. 학교 수업, 학원과 공부방에서 하는 것을 다 잡아보려고 더 집중해서 공부했다. 늦게 자고 일찍 일어나서 공부도 하고 자투리 시간도 더 활용해서 공부를 해보았다. 하지만 오히려 그럴수록 스트레스만 많이 받고 같은 부분도 반복하는 비효율적인 공부를 했다.

많은 고민과 시행착오 끝에 나는 학원과 공부방을 그만두기로 결단을 내렸다. 처음에는 많이 두려웠다.

'학원과 공부방의 도움 없이 혼자서 공부할 수 있을까?'
'성적이 좀 올랐다고 자만하는 것은 아닐까?'

하지만 학원과 공부방을 그만두지 않고는 학교에서 배운 내용조차 복습할 시간이 없었다. 학원, 공부방에 갈 시간에 학교에서 배운 내용을 복습하고 부족한 부분을 공부하는 게 맞다고 생각했다.

학원과 공부방을 가는 시간에 집에 오자마자 가장 먼저 한 것은 그날 배운 수업 내용의 복습이었다. 교과서의 개념을 나만의 노트에 정리하며 이해했다. 수학의 경우에는 문제풀이와 분석도 같이 했다. 하지만 학교 수업으로 기초개념과 기본기는 쌓을 수 있었지만 '실력'을 쌓는 데는 한계가 있었다. 전에는 이 실력을 학원과 공부방에서 배운 것으로 쌓았다.

'어떻게 스스로 공부하며 실력을 쌓을 수 있을까?' 고민하다가 내가 선택한 것은 EBS강의였다. EBS는 인터넷과 TV에서 강의를 했다. 학원처럼 돈이 들지 않고 정해진 시간에 들을 필요도 없었다. 내가 원하는 시간에 필요한 과목을 언제든지 집에서 들을 수 있었다. 무엇보다 인터넷 강의이다 보니 무한정 반복해서 들을 수 있다는 것이 가장 큰 장점이었다.

나는 국어, 영어, 수학, 사회, 과학 과목의 EBS 교재를 구매하고 공부했다. 교과서 중심으로 공부를 하되 교과서에는 없는 부분은 EBS 교재를 참고해서 보완했다. EBS 교재에는 학교에서는 배울 수 없는 심화개념과 응용문제들이 많이 있었다. 이 문제들을 풀면서 시험유형도 파악하고 내가 부족한 부분이 무엇인지를 정확하게 알 수 있었다. 보충공부로 EBS를 선택했다고 해서 수업만 듣는 것은 오히려 시간낭비라고 생각했다. EBS 강의도 학교 수업과 마찬가지로 '예—수—복' 사이클을 철저히 지키며 공부했다.

나는 고등학교 때도 이 원칙을 그대로 적용했다. 학교 수업과 교과서 중심으로 계획과 전략을 수립했다. 그날 수업에서 배운 내용을 복습한 후에 독해와 다양한 문제풀이를 위한 공부를 했다. 모르는 것은 체크했다가 학교 선생님에게 물어보고 해결했다. 내가 고등학교 때 들었던 인강이라고는 EBS 국사와 고3 6월, 9월 모의고사 문제풀이강의 정도였다. 혼자 공부하는 시간만으로도 시간이 부족했을 뿐만 아니라 공부하다 모르는 것들은 학교에서 해결이 가능했다.

혼자 하는 공부의 핵심 – 설명하기

고등학교는 공부량도 많고 다양한 심화문제들이 있다. 많은 학생들이 이를 위해 더 많은 학원을 다니고 인강을 듣는다. 필요 이상으로 학원, 인강 수업을 듣지만 정작 그 내용들을 자신의 것으로 만들지 않는다. 학원이나 인강 강사들이 지문을 해석해주고 문제 푸는 것을 듣고 정리한다고 해서 시험장에서 본인이 직접 풀 수 있는 것은 아니다.

지문해석, 문제풀이 강의를 듣고 난 후에 반드시 혼자 공부하는 시간을 확보해 수업 때 배운 것을 다시 직접 풀어봐야 한다. 학원, 인강 교재와는 관련 없는 새로운 교재를 사서 스스로 지문을 독해하고 문제를 풀고 분석해야 한다. 그래야 진짜 자신의 것으로 만들 수 있고 실력을 기를 수 있다.

수업 이후 스스로 공부할 때 공부의 효과를 극대화할 수 있는 방법은 설명하기다. 설명할 수 없는 공부는 진짜 공부가 아니다. 배운 내용을 설명할 수 있을 때만 진짜 자신의 것이 된다. 내가 설명하기 방식을 깨달은 것은 중3때였다. 학원, 공부방을 그만두고 나서 나는 집에서 공부를 했다. 조용한 집에서 혼자서 공부를 하다 보니 지루하고 집중력이 떨어지기 시작했다. 하루는 내가 정리한 내용을 선생님께서 수업을 하시는 것처럼 직접 말로 설명해보았다. 이렇게 하니 눈과 손으로 공부하는 것보다 훨씬 재미있고 이해력도 빨라졌다. 머리로는 완벽하게 이해했다고 생각했는데 설명하면서 제대로 기억이 안 나거나 막히는 부분들이 생겼다. 설명을 하면서 막히는 부분은 내가 이해를 못한 부분이었다. 그런 부분은 다시 공부하고 설명이 완벽해질 때까지 반복했다.

진짜 공부는 스스로 하는 공부다!

학교나 도서관에서 공부할 때는 정숙모드이기 때문에 그 자리에서 설명하기가 힘들었다. 나는 해당 부분에 대한 이해와 정리가 끝나면 밖으로 나갔다. 사람들이 없는 조용한 곳으로 책을 들고 가서 설명했다. 밖에서 돌아다니며 설명하니 환기가 되고 잠도 깨고 운동까지 되었다.

남들이 예습과 수업에만 집중하고 학원, 인강을 중심으로 공부할 때 나는 학교 수업, 복습과 스스로 공부하는 것에 더욱 집중했다. 처음에는 남들보다 처지는 느낌도 들고 공부하는 데 시간도 오래 걸려서 답답하고 대충하고 싶을 때도 많았다. 하지만 나는 내 방법에 대한 확신이 있었고 포기하지 않고 될 때까지 했다.

그 결과 중학교를 3등으로 졸업하고 고등학교 때 전교 1등도 해봤고 결국엔 축구선수에서 서울대생이 되었다. 진짜 공부는 스스로 하는 공부다. 스스로 하는 공부는 수업이 아니라 수업 이후에 하는 것이다. 수업 이후에 혼자 공부하는 것, 복습이 그 어떤 공부보다 중요하다. 전교 1등, 명문대를 원한다면 수업 이후의 공부에 모든 것을 걸어야 한다.

03 주변의 모든 것이 공부 멘토다

가능한 모든 멘토들을 총동원하라

나는 아무것도 모르는 상태에서 공부를 시작했다. 사막 한가운데 떨어진 느낌이었다. 목이 말라 죽을 것 같아 오아시스를 찾고 싶은데 그 방법은 도저히 모르는! 내가 할 수 있는 수단과 방법을 가리지 않고, 말 그대로 닥치고 공부했다. 이렇게 공부를 한 결과 나는 중학교 3학년 때 전교 3등으로 졸업했고 고등학교 1학년 1학기 때도 종합 성적이 전교 3등이었다. 이렇게만 공부하면 내가 꿈꾸던 서울대에 합격할 수 있겠다는 상상의 나래를 펼쳤다.

나는 이 자신감을 가지고 1학년 2학기 때도 항상 하던 방식으로 공부를 하고 내신 준비를 했다. 그런데 나는 충격적인 성적표를 손에 쥐게 되었다. 1학년 2학기 성적은 1학기 때와 비교해서 많이 떨어졌다. 내신과 수능에서 가장 비중이 높은 국어, 영어, 수학 성적이 안 좋다는 것에 충격을 먹었다. 아무리 공부를 열심히 해도 성적이 오르기는커녕 떨어지기 시작한 것이다.

나는 이대로 가다가는 큰일이 나겠다는 생각에 공부법을 바꾸어야겠다고 생각했다. 책상에 앉아서 공부할 때 어떻게 공부를 하는지에 대한 방법을 알아내기로 했다. 정확히 말하면 공부를 잘하는 사람들을 찾아야 했다. 그들을 나의 공부 멘토로 만드는 것이 목표였다. 나는 이것저것 가리지 않고 공부 잘하는 사람들을 찾아보았다. 학교, 책, 온라인 등 내가 할 수 있는 모든 방법을 총동원했다.

① 공부 잘하는 친구, 선배
가장 빠르게 알 수 있는 곳은 학교였다. 아는 친구를 통해 전교 1등이었던 친구의 연락처를 알아내고 연락했다. 전교 1등 친구에게 국어, 영어, 수학 공부법과 시간 관리, 계획수립법 등을 물어보고 배웠다. 공부 잘하는 선배들에게도 공부를 어떻게 하면 잘할 수 있는지를 물어봤다. 선배들은 자신만의 공부 노하우, 문제풀이법 등을 친절하게 알려주었다. 주말이나 점심시간에 아무도 없을 때는 공부 잘하는 사람들 책상으로 갔다. 공부 잘하는 사람들의 책, 노트, 계획표를 몰래 봤다. 과목별로 어떤 교재로 공부를 하고 필기, 개념정리와 문제풀이는 어떻게 하고 계획은 어떻게 세우는지를 벤치마킹했다.

② 공부법 관련 책

공부법 관련한 책들도 많이 보았다. 공부를 못하다가 본인만의 방법으로 열심히 공부해서 전교 1등을 하거나 명문대에 간 사람들의 책들을 서점에서 직접 사서 보았다. 『꼴찌에서 전교 1등까지_{백승훈}』, 『가난하다고 꿈조차 가난할 수 없다_{조현근}』, 『나나 너나 할 수 있다_{금나나}』, 『공부9단 오기 10단_{박원희}』 등의 책에서 저자가 어떤 계기로 공부를 시작했고 어떤 방법으로 공부해서 최상의 목표를 달성할 수 있었는지 배울 수 있었다. 동시에 '이 사람들도 했는데 나도 무조건 할 수 있다!'는 자신감도 얻었다. 자서전뿐만 아니라 『스터디코드』, 『공부의 신』처럼 공부법과 노하우가 전문적으로 정리된 책들도 보았다.

③ 공부 관련 인터넷 사이트

책뿐만 아니라 인터넷 사이트도 적극 활용했다. 스터디코드, 공부의 신, 메가스터디, EBS, 수만휘, 오르비 등의 사이트에 방문해서 다양한 공부법들을 수집했다. 사이트를 보니 각 사이트에서 알려주는 공부법 및 추천강의로 공부를 해서 성적을 올리거나 명문대를 간 후기들이 많이 있었다. 그 후기들을 꼼꼼하게 살펴보며 나에게 도움이 될 만한 공부법들을 따로 정리했다. Q&A 게시판을 보니 나와 비슷한 고민을 하고 있는 학생들이 많이 있었다. 전문 코치, 멘토들이 질문에 대한 답변을 해줬다. 나도 개인적으로 모르는 부분에 대해 질문을 하고 답변을 받았다.

고등학교 1학년 겨울방학 때는 당일치기로 KTX를 타고 서울에 가서 공부법 설명회를 듣고 오기까지 했다. 그만큼 나는 제대로 된 공부법을 배우는 것이 간절했다. 설명회에 직접 가니 공부법 전문가가 직접 강의를 했다. 평소에 궁금했지만 온라인 사이트에서 해결하기 힘들었던 부분들을 물어보고 답변을 받았다.

나는 공부 잘하는 사람들을 만나기 위해 할 수 있는 모든 것을 다했다. 그들을 직접 만나서 조언을 구하고 나의 멘토로 삼았다. 이러한 과정을 통해 입시공부법의 핵심을 완벽하게 알게 되었다. 하지만 성공한 사람들의 공부법을 실천한다고 해서 바로 성적이 나오지는 않았다. 이전의 내가 했던 방식을 다 버리고 전혀 새로운 방법대로 해야 하기 때문이다. 공부법을 적용하는 과정에서 시행착오도 많이 겪었다. 그렇지만 나는 절대로 포기하지 않고 끊임없이 적용하고, 피드백하고, 수정했고 그 결과 나만의 입시공부법이 탄생하게 되었다.

이 책을 읽고 있는 여러분도 현재 열심히 공부를 하는데 성적도 안 나오고 방법이 맞는지 의구심이 많이 들 것이다. 그렇다면 주저하지 말고 자신만의 공부 멘토를 찾아 나서라! 간절히 원하고 구하는 자는 모든 것을 얻을 수 있다!

원하는 것을 이루는 데 있어 자신만의 멘토를 찾아 그 사람에게 배우는 것은 너무나도 중요하다. 무명의 박지성이 세계 최고의 축구선수가 될 수 있었던 이유는 '히딩크'라는 멘토가 있었기 때문이다. 오디션에만 18번 탈락했던 가수 비가 월드스타가 될 수 있었던 이유는 박진영을 만나 그를 멘토로 삼고 제대로 배웠기 때문이다.

시간이 부족해서 일일이 멘토를 찾기 힘들다면 나에게 연락하길 바란다. 내가 여러분의 공부 멘토가 되어 명문대, SKY 대학에 합격할 수 있는 핵심을 완벽하게 가르쳐주고 코칭해주겠다.

04 사교육은 절대로 해결책이 될 수 없다

학원만 다녀서는 결코 전교 1등 할 수 없다

우리나라에 학원의 수는 셀 수 없을 만큼 많다. 학부모들은 자신의 아이를 전교 1등으로 만들고 명문대에 보내기 위해 기꺼이 많은 돈을 학원에 투자한다. 그런데 왜 학원에 시간과 돈을 쏟아 부었음에도 불구하고 성적은 오르지 않을까? 왜 누구는 학원을 안 가도 전교 1등을 하는데 학원을 열심히 다닌 학생들은 전교 1등이 되지 않을까?

성적이 안 좋은 학생들을 보면 본인에 대한 제대로 된 분석 없이 일단 학원에 등록하고 본다. 모든 스케줄이 학원을 중심으로 돌아간다. 학원 강사가 알려주는 것만 열심히 들으면 성적이 오를 것이라고, 공부를 잘하고 있다고 착각한다. 하지만 막상 시험결과를 보면 큰 차이가 없다. 공부를 아예 안 하던 학생이라면 학원을 다니는 것만으로도 성적이 오르긴 한다. 그 성적 향상은 딱 중위권까지고 절대로 상위권, 최상위권에는 갈 수 없다.

성적이 안 오르고 공부가 안되는 이유를 '학원을 덜 다녀서.'라고만 생각하는 것은 위험한 발상이다. 학원을 보내고자 하는 학부모들의 마음은 이해한다. 자습한다는 명분으로 공부를 하지 않고 자거나 노는 것보다 학원을 보내는 것이 차라리 낫기 때문이다. 학원에서는 강제로라도 공부를 하게 하고 과제를 주기 때문이다. 학부모의 눈에는 뭐라도 하는 모습이 보이는 게 안심인 것이다.

학부모들이 학원에 무작정 보내는 또 다른 이유는 현재 입시 제도를 정확히 이해하지 못하기 때문이다. 부모님들 세대는 무조건 많이 보고 암기하는 자가 명문대에 가는 시대였다. 그때는 학원에 열심히 다녀서 거기서 알려주는 것만을 열심히 듣고 적고 외우면 됐다. 그러니 본인의 자녀들도 학원만 열심히 다니면 알아서 성적이 올라간다고 생각하는 것이다. 하지만 지금은 수업을 많이 듣고 열심히 받아 적고 암기하고 문제를 푼다고 전교 1등하고 명문대에 갈 수 있는 시대가 아니다.

수험생들은 학교 수업도 따라가기 벅찬데 학원까지 엄청나게 다닌다.

그러다보니 머리에 들어가는 것은 많은데 자기 것으로 만들 시간이 없다. 공부의 기본은 '예습—수업—복습'이다. 우리나라 수험생들은 학원에 등록해서 예습과 수업만 죽어라 한다. 정작 제일 중요한 복습은 하지 않는다. 공부의 기본조차 지키지 않는 것이다. 수능은 물론이고 이제는 내신문제조차 단순암기와 문제풀이가 아니라 스스로의 실력이 있어야 풀 수 있는 문제들이 나온다. 이 실력은 학원이 아니라 혼자 공부하는 시간을 통해서만 기를 수 있다. 하지만 우리나라 수험생들은 학원수업에 모든 시간을 투자하니 혼자 공부할 수 있는 시간이 없다. 설상 혼자 공부하는 시간이 생기더라도 학원과제를 하느라 바쁘다.

학원 다니느니 스스로 공부하는 시간을 늘려라

나도 처음 공부를 할 때는 영어와 수학공부의 기초가 전혀 안되어 있어서 학원을 다니고 공부방도 이용했다. 혼자 머리 싸매고 끙끙 앓는 것보다 학원과 공부방의 도움을 받아서 기초를 빠르게 배울 수 있었다. 그 결과 성적이 많이 향상되었지만 딱 거기까지였다! 나는 6개월 후에 학원과 공부방을 그만두었다. 학원을 통해 부족한 부분을 다 채웠기 때문에 더 이상 학원을 다닐 이유가 없었다. 학원은 스스로 공부하는 과정에서 부족한 부분을 채워줄 도구일 뿐이다. 스스로 공부하는 과정에서 학원을 전략적으로 활용한 것이다.

내가 학원을 그만둔 또 다른 이유는 스스로 공부하는 시간을 확보하기 위해서였다. 학년이 올라갈수록 공부량이 많아지고 난이도가 어려워졌다. 학교에서 배운 것을 내 것으로 만들기에도 시간이 부족했다. 학교복습이 끝나면 내 실력을 위한 공부를 해야 했고 없는 시간을 쪼개서 자기소개서에 채울 다양한 활동도 해야 했다. 학원을 가고 싶다 해도 갈 시간이 도저히 생기지 않았다.

학원, 인강, 과외는 전략적으로 활용하라

학원을 무조건 가지 말고 모든 것을 혼자 공부하라고 말하는 것이 아니다. 본인이 부족한 부분을 파악하고 그 부분을 보충하려는 목적으로 학원을 이용해야 한다는 것이다. 학원을 몇 개를 가든 학원에서 배운 것을 본인의 것으로 완벽히 만드는 것이 가장 중요하다. 학원의 도움이 아닌 스스로의 힘으로 내용을 이해하고 정리하고 문제를 풀고 분석을 해야 한다. 그 시간을 가지지 않으면 좋은 성적, 명문대 합격은 절대로 기대할 수 없다.

내가 학원을 다니면서 성적을 올릴 수 있었던 이유는 학원만 열심히 다녀서가 아니다. 나는 학원을 다니면서도 학교 수업과 혼자 공부하는 시간을 가장 우선순위에 뒀다. 학원보다 중요한 것은 학교 수업이다. 수능과 내신시험은 교과서를 기본으로 출제한다. 내신 출제자는 학원 선생님이 아니라 학교 선생님이다. 학교 수업에 모든 것을 집중해야 한다. 수업을 듣기 전에 예습을 하고 수업 때 목숨 걸듯이 듣고 반드시 혼자 공부하는 시간에 복습을 해야 한다.

학교 수업 복습이 끝나면 심화학습도 해야 했다. 학교 수업이 중요하지만 학교 수업만으로는 수능과 내신에 나오는 심화, 응용문제들을 풀 수 없다. 학교 수업과 별도로 지문독해, 듣기, 문제풀이와 분석을 하는 공부를 해야 한다. 그런데 이러한 공부들은 처음에 혼자 하게 되면 어려움이 있다. 학교 수업을 하는 과정에서도 모르는 부분이 있거나 진도가 뒤처지는 부분이 있을 수 있다.

바로 이때가 학원을 이용할 시점인 것이다. 학교 수업을 따라가다가 모르는 것은 선생님에게 물어보고 해결하는 것이 제일 좋다. 본인이 공부를 늦게 시작하거나 제대로 공부를 못한 부분이 있을 것이다. 그 부분을 분석해서 눈에 보이게 정리를 해야 한다. 실력을 기르기 위한 공부를 함에 있어서 기초적인 부분이 부족하다면 그것도 파악해야 한다. 이렇게 자신에 대한 분석을 바탕으로 그 부분을 잘 알려주는 학원 또는 인강 강사를 찾아서 보충하는 것이다. 단, 학교 수업과 혼자 공부하는 시간을 방해하지 않는 범위 내에서!

시간이 부족할 때는 학원보다 인강을 먼저 찾는 것을 추천한다. 학원을 가기 위해서는 따로 시간을 빼야 하고 정해진 시간에만 갈 수 있다. 이동하는 시간도 무시할 수 없다. 학원수업은 한 번 들으면 다시 들을 수 없다. 학원도 학습공간이기 때문에 사소하게 지켜야 할 것들도 많다. 하지만 인강은 필요할 때 언제든지 컴퓨터나 스마트폰으로 들을 수 있다. 이해가 되지 않는 부분은 무한반복도 가능하다. 인강을 듣는 것은 학원을 가는 것보다 시간을 훨씬 아껴준다. 그럼에도 불구하고 학원을 가야 하는 상황이라면 그때 학원을 이용하면 된다.

이때 중요한 것은 본인이 부족하고 필요한 부분만 듣고 강사들을 이용해야 한다는 것이다. 공부를 못하는 학생들의 특징은 모든 것을 처음부터 끝까지 들으려고 한다는 것이다. 이미 다 아는 것도 또 듣는다. 돈이 아깝다는 것이 그 이유다. 그런데 수험생에게 돈보다 중요한 것은 시간이다. 학원과 인강은 스스로 공부를 할 때 도움을 얻기 위한 수단일 뿐이다. 돈 아깝다고 모든 커리큘럼을 다 듣다가 가장 중요한 혼자 공부하는 시간을 날릴 수 있다는 것을 생각해야 한다.

학원과 인강 강사들의 말만 듣고 모든 수업을 듣는 게 아니라 본인의 필요에 따라 주체적으로 활용해야 한다. 본인의 돈과 시간을 투자했기에 똑똑한 소비자가 되어야 한다. 본인이 필요한 부분을 해결했다면 나머지 강의는 굳이 듣지 말고 과감하게 버릴 수 있어야 한다.

학원과 인강을 고르기 전에 '스스로 공부할 수 있는 시간'을 우선 확보해야 한다. 그리고 남는 시간에 학원, 인강을 전략적으로 이용하는 것이 핵심이다. 그렇지 않은 상태에서 학원에 가고 인강만 듣는 데 시간과 돈을 투자하면 결과는 제자리이다. 부족한 부분을 학원과 인강으로 보충했으면 그때부터가 진짜 공부의 시작인 것이다.

공부는 결국에는 스스로 해야 한다. 학원과 인강에서 배운 것을 본인의 것으로 완벽하게 만드는 데 가장 많은 시간과 노력을 투자해야 한다. 진짜 실력을 기르는 공부를 해야 내신과 수능을 다 잡을 수 있다.

"전교 1등의 비결은 학원에 없다."

<입시공부 핵심 정리 노트>

사교육(학원, 인강, 과외) 활용법

1. 학교 수업과 혼자만의 공부시간 확보가 가장 중요하다.
- 학교 수업 때 학원, 인강, 과외 공부를 절대 하지 말고 수업에 집중해야 한다.
2. 본인이 부족한 과목 및 부분을 명확하게 분석하라.
   사교육을 활용하는 목적을 명확히 하라!
- 이때 학교에서 해결할 수 있는 부분은 제외하고 학교에서도 해결할 수 없는 부분만 뽑는다.
3. 이 부분을 보완할 수 있는 학원, 인강, 과외를 찾는다.
4. 학교 수업과 혼자 공부하는 시간을 제외하고 남는 시간에 사교육을 듣는다.
- 본인이 부족한 부분만 듣고 나머지 부분은 커리큘럼에 있어도 듣지 않고 과감하게 버린다.
5. 학교 수업과 마찬가지로 사교육도 수업이기에 예습-수업-복습을 철저히 한다.

05 누구나 입시 막판 뒤집기는 가능하다

나는 3년의 입시 동안 수없이 많은 바닥을 경험했다

고등학교에 입학하면 학교에서 학생들을 대상으로 목표 대학 1, 2, 3순위를 적으라고 한다. 목표에 맞게 학교에서 보충수업반을 만들고 자습실을 배정해야 하기 때문이다. 나는 처음에는 1순위 서울대학교, 2순위 연세대학교, 3순위 경희대학교를 적었다.

고등학교 2학년 때는 1, 2, 3순위 모두 서울대학교를 적었다. 서울대학교에 못 가면 재수를 하겠다고 각오했기 때문이다. 하지만 서울대 합격을 위한 과정은 험난했다. 공부하는 과정에서 힘들고 포기하고 싶었던 적이 한두 번이 아니었다. 힘든 수준을 넘어 바닥을 여러 번 경험했다.

고등학교 1학년 입학하자마자 나의 발목을 잡은 과목이 있었다. 그 과목은 수학이 아닌 물리였다. 고등학교 1학년 때는 문과와 이과 구분 없이 모든 학생들이 공통과목을 배운다. 그중 공통과학은 물리, 생물, 화학, 지구과학으로 나뉘는데 1학기에는 물리와 생물을, 2학기는 화학과 지구과학을 배웠다.

그중에서 1학기 중간고사에 물리가 시험범위에 들어갔다. 물리는 수업을 열심히 듣고 선생님께 물어보고 설명을 아무리 들어도 이해가 가지 않았다. 개념을 정리하고 다양한 응용문제를 풀어도 제자리였다. 똑같은 부분을 다시 물어봐도 이해가 안 될 정도였다. 시험기간에 수학보다 물리공부에 더 많은 시간을 투자해서 공부했다. 그렇게 열심히 공부를 했음에도 물리 시험 결과는 50점이었다.

서울대가 목표인데 고등학교 첫 내신시험에서 50점이 나온 것이다. 심지어 물리시험은 시험 첫날이었다. 첫날 시험에서 50점이 나왔으니 더 충격이었다. 그때 나는 벌써 서울대를 포기해야 하나 싶을 정도였다. 하지만 다 잊어버리고 기말고사 준비를 했다. 기말고사는 생물이었고 나는 과학과목 중에서 생물을 제일 좋아하고 잘했다. 다행히도 생물점수를 잘 받아 물리점수를 커버할 수 있었다.

고등학교 1학년 2학기 기말고사 때였다. 2학기 기말고사 때는 지구과학이 시험범위에 들어갔다. 그때 지구과학 수행평가가 다른 어떤 과목보다 어려웠다. 수업시간을 제대로 듣지 않으면 안됐는데 지구과학 선생님의 말이 상당히 빨랐다. 다른 친구들은 수업 듣는 것을 포기하고 다른 공부를 했다. 그럼에도 나는 어떻게든 선생님 말씀을 받아 적었다. 잘 안 들리거나 이해 안되는 부분은 질문을 했다. 수업을 열심히 듣고 적극적으로 질문을 하니 선생님께서는 수업시간에는 알려주지 않은 수행평가 정보도 많이 주셨다.

수업을 열심히 듣고 적극적으로 질문한 결과 나는 지구과학 수행평가에서 전교 1등을 했다. 내가 수행평가 점수를 95점 받았는데 90점대인 친구들이 한 명도 없었다. 지필시험만 배운 대로 잘 보면 1등급은 물론이고 전교 1등을 할 것이 확실했다. 시험을 쳐보니 한 문제만 헷갈렸고 나머지 문제는 완벽하게 다 맞게 풀었다. 혹여나 실수하지 않을까 3번이나 확인했다. 헷갈리는 문제가 2점짜리라 최소 98점은 확정이었다. 1등급은 물론이고 압도적인 1등을 할 거라고 기대했다.

그런데 시험결과를 확인하니 내 점수가 75점이었다. 담당선생님한테 가서 물어봤더니 내가 마지막 페이지 문제의 정답 전부를 OMR카드에 체크하지 않은 것이다! 1등급은 전교생의 4%에 해당했고 우리 학년 전교생의 숫자가 150명이었기에 6등 안에 들면 1등급이었다. 그런데 나의 종합점수가 7등, 2등급이었다는 것이다. 이 결과를 받는 순간 나는 모든 것을 다 집어던지고 포기하고 싶었다. 내신등급이 가장 중요했던 나에게 엄청난 허무함과 절망감을 가져다주었다.

이 경험을 통해 나는 "실수도 실력이다. 실력과 실전은 다르다. 사소한 것 하나가 성적을 결정한다. 과목별 공부 외에 다른 것도 철저하게 신경 써야 한다."는 것을 뼈저리게 느꼈다. 이때 이후로 실수를 만회하기 위해 더 독하게 공부를 했고 시험 때 철저하게 확인해서 수능 날까지 OMR카드 작성을 실수한 적이 한 번도 없다.

고3이 되니 '내가 이렇게 고생했는데 진짜 될까, 합격할 수 있을까?' 하는 불안감이 매일 있었다. 너무 힘들고 부담이 되고 불안해서 울었던 적도 있다. '지금이라도 서울대에 원서를 넣지 말고 목표를 낮춰서 부산대나 경북대라도 갈까?' 하는 생각을 한 적이 있었다.

스스로에 대한 불안감보다 더 힘들었던 것은 주위 친구들의 대학합격 소식이었다. 우리 학교 학생들은 95%가 수시로 대학을 간다. 대부분은 대학을 가는 것 자체가 목표다 보니 성적이 낮아도 그 점수에 맞춰 지원한다. 수능시험을 치기도 전에 대학합격발표가 나는 곳도 많았다. 어떤 친구는 수능 3일 전에 대학합격발표가 났다.

매일 들려오는 친구들의 합격소식을 접할 때마다 더욱 불안하고 힘들었다. 나는 아직 1차 발표도 나지 않았고 수능을 쳐야 했다. 친구들은 이미 합격해서 뭐하고 놀지 얘기하며 수업시간에도 놀았다. 많은 친구들이 수시에 합격했기에 학업 분위기조차도 제대로 형성되지 않은 상태에서 나는 수능준비를 해야 했다. 수능준비가 막바지에 이르면서 공부량이 많고 어려운 것보다 심리적으로 많이 힘들었다.

심리적으로 힘든 점을 극복하고 3년 동안 준비했던 수능시험을 무사히 치렀다. 수능이 끝나고 수시 1차 발표가 나기까지 2주라는 시간이 있었다. 수능이 끝나고 이땐 전교생이 다 노는데도 나 혼자만 정시를 위해 실기, 기말고사 공부를 해야 했다. 아무것도 확정된 것이 없었고 수시발표가 나기 전까지 나는 대학결과로는 전교 꼴등이었다.

남들은 대학을 다 붙었는데 내가 떨어진다면 망신도 이런 망신이 없었다. 서울대 말고 다른 대학은 지원하지 않았기에 몽상가, 허언증 환자로 취급받지는 않을까 싶었다. 4년 동안 주말, 연휴 없이 내 모든 것을 걸고 공부했는데 떨어지면 그냥 고생만 하다가 허무하게 입시를 끝내게 되는 셈이었다.

이런 마음이 생길 때마다 '이렇게 힘들게 왔는데 포기하기에는 너무 아깝다. 여기까지 온 것만으로도 대단한 것이다. 마지막까지는 그 누구도 모른다. 합격발표 날까지 절대 포기하지 말자. 마지막에 웃는 자가 최후의 승리자다!'고 되뇌이며 더욱 정신을 다잡았다. 나는 이러한 불안감 속에서도 합격발표 날까지 서울대에 합격하는 나의 모습을 매순간 상상했다.

마지막에 웃는 자가 최후의 승리자다

이렇게 간절하게 원하고 상상한 결과 나는 극적으로 서울대학교 수시 1차 시험에 합격했다. 수시에 지원한 3명 중에 나만 합격을 한 것이다. 수시 1차 합격밖에 하지 않았는데도 전교에 난리가 났다. 평소에는 인사를 하지 않던 후배들이 나를 보자마자 90도로 인사를 했다. 나에게 이제 남은 것은 2차 시험이었다. 학생부, 자기소개서 등 면접에 필요한 것을 준비해서 서울로 갔다. 일주일 동안 면접학원에서 아침부터 밤까지 면접 준비에 모든 것을 걸었다.

2차 면접을 보고 일주일 뒤에 최종 합격발표가 났다. 나는 최종 합격발표를 기다리는 일주일 동안 천국과 지옥이 무엇인지를 느꼈다. 합격하면 대박이고 인생역전인데, 불합격하면 정시에 지원해야 하고 최악의 경우에는 재수까지 해야 했다. 하루에도 수십 번씩 마음이 왔다 갔다 했지만 나는 그럴수록 서울대 합격을 더 강력하게 상상했다. 그 결과 기적적으로 서울대에 최종합격을 해서 금의환향했다.

고향에 오니 플래카드가 6~7개 걸려 있었고 모든 사람들의 축하를 받았다. 〈EBS 공부의 왕도〉에서 연락이 와서 촬영을 하고 방송에도 출연

했다. 졸업식 때 수많은 사람들이 보는 앞에서 합격증 및 장학금 수여는 물론이고 상이라는 상은 다 휩쓸었다. 각종 기관, 학교에서 강연 요청이 들어와서 입시 강연까지 했다. 성적이 바닥이었던 축구선수에서 서울대생이 되어 수많은 입시생들의 희망이자 롤모델이 된 것이다.

최종 발표 전까지는 그 누구도 결과를 알 수 없다. 이번에 본 내신이나 모의고사 성적이 잘 나왔다고 SKY에 가는 것도 아니고 못 나왔다고 SKY에 못 가는 것도 아니다. 최악과 최상은 반드시 연결되고 바닥을 찍어야 하늘로 날아갈 수 있다. 힘들수록 그것을 더 큰 것을 얻기 위한 과정이자 축복으로 받아들이는 마음가짐이 중요하다. 아무리 힘들고 죽을 것 같아도 수능 끝나고 합격발표 때까지 절대 포기해서는 안 된다. 누가 뭐라고 하든 마지막에 SKY에 가면 모든 것이 해결된다. 입시 막판 뒤집기는 무조건 가능하고 마지막에 웃는 자가 진정한 승리자다.

입시공부를 하는 과정에서 힘이 들고 답답한가? 그렇다면 연락하라. 수험생의 입장에서 슬럼프를 극복하는 데 도움을 줄 것이다.

06 대학이 아니라 미래를 위해 공부하라

좋은 대학, 좋은 회사가 목표인 공부는 그만!

4차 산업혁명에 관한 얘기들이 TV, 언론, 인터넷 등에 요즘 많이 나오고 있다. 4차 산업혁명을 하나의 문장으로 설명을 하는 것이 쉽지는 않지만 기술이 인력을 대체한다는 것이 핵심이다.

미국 시애틀에는 '아마존 고'라는 세계 최초의 무인마켓이 있는데 여기는 계산대와 계산원이 없다. 스마트폰 어플리케이션 다운로드만 받으면 원하는 물건을 살 수가 있다. 무인자동차와 전기자동차가 나오고 있으며 3D 프린트로 차를 만들고 집을 지을 수 있다.

UN의 미래 보고서는 이미 이렇게 발표했다.

"2030년까지 20억 개의 일자리가 소멸하고 현존하는 일자리의 80%가 없어진다."

대부분의 단순노동은 이제 로봇이 담당하고 있고 로봇은 교육과 의료 영역까지 확산되는 중이다. 이는 4차 산업혁명에서는 직업, 직장과 월급의 개념이 사라지고 1인기업가의 시대가 온다는 뜻이다. 이미 우리 주변에는 1인기업가로 활동하는 사람들을 많이 볼 수 있다.

나 또한 현재 1인기업가의 삶을 살고 있다. 베스트셀러 작가는 물론이고 자기주도 학습코치, 입시전문 컨설턴트, 동기부여 강연가, 사업가로 살아가며 입시생들의 꿈과 목표를 이루는 데 도움을 주고 있다. 나는 1인 기업가이기 때문에 따로 직장에 출근하지 않고 내가 원하는 시간에 원하는 장소에서 원하는 만큼 일을 한다. 내가 일하는 만큼 벌 수 있고 쉬는 날도 내가 주도적으로 자유롭게 정할 수 있다. 홍보와 마케팅도 따로 비용을 들이지 않고 SNS을 활용하고 나의 SNS를 보고 많은 사람들에게서 연락이 온다.

예전에는 안정적인 직장에서 정규직으로 일하는 것이 성공의 척도였다. 부모님들이 공부를 열심히 해서 명문대에 가라고 하는 이유는 명문대에 가야 대기업에 취직해서 안정적인 삶을 살 수 있기 때문이다. 직장을 얻으면 안정적인 월급이 나오고 그 돈으로 결혼을 하고 집을 사고 자녀를 기르고 대학을 보내고 결혼을 시키고 나면 은퇴를 할 수 있다.

하지만 이제는 회사와 국가가 우리의 삶을 책임져주지 않는다. 대기업과 공무원의 경쟁률만 봐도 알 수 있듯이 취직하는 것 자체가 아주 힘들다. 주위만 봐도 전역한지 1년이 넘었는데도 아직 취준생인 사람들이 많다. 새로운 일자리가 늘어나지 않고 있고 기업은 해고, 인원감축, 개편 등을 통해 정규직의 수를 줄이고 계약직, 시간제 노동자를 더 많이 채용한다. 몇 년 준비해서 힘들게 취직을 한다고 해도 언제 회사에서 잘릴지 모른다는 것이다.

무엇보다 힘들게 취직을 했는데도 불구하고 스스로 나오는 사람들이 늘어나고 있다. 대기업은 물론이고 군대도 조기전역을 하고 교사, 공무원도 그만두는 사람들이 늘어나고 있다. 대기업에 다니고 공무원이라고 해서 예전처럼 안정적인 삶을 보장받지 못 한다는 것을 깨닫는 것이다.

부모님 세대와 비교해서 취직연령은 높아지고 있는 반면 퇴직연령은 낮아지고 있고 기대수명은 100세를 넘어 120세로 늘어나고 있다. 타임지에서는 '지금 태어나는 아기는 142살까지 살아야 한다.'는 내용을 2015년에 이미 발표했다. 부모님 세대에는 기대수명이 지금처럼 높지 않았기에 20~30년 직장생활하고 은퇴해도 먹고사는 데 문제가 없었다. 하지만 우리 세대는 경제활동을 할 수 있는 기간은 20~30년밖에 안되는데 은퇴

후에 50~60년을 더 살아야 한다는 것이다. 직장에서 주는 월급, 퇴직금, 연금으로는 절대로 버틸 수가 없다.

이러한 사회적인 현상에도 불구하고 많은 청춘들은 좋은 대학에 가서 대기업에 취직하거나 공무원 시험에 합격하기 위해 청춘을 바치고 있다. 이제는 예전처럼 좋은 회사에 취직하기 위해 명문대를 목표로 공부를 해서는 안 된다.

스마트폰이 나오기 전에 휴대폰은 그저 휴대전화기일 뿐이었다. 하지만 이젠 스마트폰 없이는 그 어떤 것도 존재할 수 없는 세상이 되었다. 스마트폰 하나로 모든 경제활동이 가능한 시대이다. 직업, 직장의 개념이 없어지고 1인기업의 시대가 온다는 것은 폴더폰이 없어지고 스마트폰이 생겨난 것과 같은 거대한 시대의 물결인 것이다.

자기주도 학습 능력 = 자기경영 능력

지금 우리가 공부를 해야 하는 가장 큰 이유는 4차 산업혁명에서 요구되는 핵심 능력을 입시에서 배우고 향상할 수 있기 때문이다. 1인기업가는 모든 것을 스스로 주도적으로 일을 하는 사람을 의미한다. 자신만의 꿈과 목표를 정하고 이를 이루기 위한 사람과 방법을 스스로 찾아야 한다. 일을 하다가 부족한 부분이 있으면 아웃소싱을 통해 도움을 받거나 스스로 찾아서 배워야 한다.

결론적으로 1인기업가로 성공하기 위해서 가장 중요한 것은 자기경영 능력이다.

지금은 과거 부모님 세대처럼 열심히 책상에 앉아서 공부를 해서 성적을 잘 받는다고 명문대를 갈 수 있는 시대가 아니다. 스스로가 목표 대학, 목표학과를 설정하고 해당 학과에서 요구되는 조건을 파악해서 자신에게 맞는 입시전략을 수립하는 것이 가장 중요하다. 이 전략을 바탕으로 올바른 공부법을 배워 스스로 공부를 해야 원하는 목표를 달성하고 명문대에 합격할 수 있다. 단순히 학교, 학원, 인강에서 알려주는 수업만 열심히 들어서는 절대로 입시에서 성공할 수 없다. 즉 자기주도 학습이 지금 입시에서 가장 중요한 능력이라고 할 수 있다.

이를 통해 우리는 1인기업가로 성공하는 데 필요한 능력인 자기경영 능력과 지금 입시에서 성공하는데 필요한 자기주도 학습 능력이 일치한다는 것을 알 수가 있다. 내가 남들이 취직하거나 대학원에 진학하고 공무원 시험을 준비할 때, 1인기업가의 삶을 살아갈 수 있었던 가장 큰 이유는 고등학교 때 스스로 하는 공부, 자기주도 학습 능력을 형성했기 때문이다.

독학과 자기주도 학습은 다르다!

그렇다면 스스로 하는 공부와 독학의 차이점은 무엇일까?

1인기업가가 스스로 일을 한다고 해서 모든 것을 다 혼자 하는 것이 아니다. 본인이 가장 잘할 수 있는 일에 집중하고 부족한 부분은 아웃소싱을 한다. 예를 들면, 강연을 하는데 컨텐츠는 많지만 이것을 프레젠테이션으로 만드는 능력이 부족하다면 PPT를 잘 만드는 전문가에게 의뢰해서 맡기면 되는 것이다.

독학은 혼자서 모든 것을 다하는 공부를 의미한다. 혼자서 다 할 수 있다는 의욕만 가지고 목표와 전략 없이 무턱대고 공부하는 것이다. 모르는 것이 있어도 누구에게 묻기보다 어떻게든 혼자서 다 해결하려고 하는 공부방식이다. 혼자서 다 하려고 하면 정작 본인이 잘하는 것에는 집중하지 못하게 되어 비효율적인 공부를 하게 되고 시행착오는 더 길어진다.

스스로 하는 공부는 주도적으로 공부를 하는 것을 의미한다. 나도 처음에는 스스로 목표를 정하고 전략과 계획을 수립하고 시간 관리를 하는 것이 힘들었다. 하지만 자기주도 학습을 꾸준히 하다 보니 나중에는 의식을 하지 않아도 스스로 목표를 정하고 나한테 맞는 전략과 계획을 수립해서 공부할 수 있었다.

스스로 하는 공부를 통해 중요한 과목과 덜 중요한 과목이 무엇인지, 내가 잘하는 것과 부족한 것이 무엇인지를 정확하게 파악을 하는 능력도 길러졌다. 잘하는 것은 어떻게 더 잘할지 고민하고 실력을 키웠다. 모르는 부분은 선생님이나 공부 잘하는 친구들에게 적극적으로 질문하고 부족한 부분은 인강으로 보완을 했다. 이를 통해 불필요한 시간낭비를 줄이는 것은 물론이고 올바른 방향으로 공부를 할 수 있었다.

스스로 혼자 하는 공부 시간을 확보하라

스스로 하는 공부에서 가장 중요한 것은 혼자 공부하는 시간을 확보하는 것이다. 수업을 많이 듣는다고 해서 성적이 바로 오르지 않는다. 수업 이후부터가 진짜 공부의 시작이다. 수업을 듣고 그 내용을 본인의 것으로 완벽하게 만들어야 성적 향상으로 이어진다. 주위의 많은 친구들은 많은 시간, 돈, 에너지를 학원에 쏟았지만 스스로 공부하는 것은 소홀히 했다. 하지만 나는 스스로 공부하며 자기주도 학습 능력을 엄청나게 길렀고 혼자 하는 공부에 가장 많은 시간을 투자했다. 이 덕분에 나는 전교 1등을 넘어 서울대 합격까지 할 수 있었다.

스스로 하는 공부하는 힘은 본인에게 필요한 것과 불필요한 것을 구분할 줄 알게 한다. 또한 불필요한 것은 과감하게 버리는 용기를 내게 한다. 많은 수험생들이 부족한 부분을 보완하기 위해 인강과 학원을 활용한다. 보통 수험생들은 인강이나 학원의 커리큘럼을 모두 다 듣는다. 만약에 본인이 기초가 하나도 안되어 있다면 모두 다 듣는 게 맞다. 그런데 본인이 수학에서 부족하고 보완해야 할 부분이 수열파트라고 하면 모든 강의를 다 들을 필요가 없다. 본인이 부족하고 필요한 부분을 정확히 찾아서 그것만 보완해주면 된다는 의미다. 그렇지 않으면 시간낭비가 커져 혼자 공부하는 시간이 부족해진다.

학원과 인강 수업에만 의존하고 모든 것을 혼자서 다 하려는 공부로는 입시에서 성공할 수 없다. 스스로 하는 공부만이 성적 향상은 물론이고 명문대 합격을 보장한다. 무엇보다 입시 때 형성한 자기주도 학습 능력은 입시에서 끝나는 것이 아니라 평생 간다. 1인기업가가 주인공이 되는 4차 산업혁명 시대에 성공하고 살아남기 위한 핵심 능력을 기를 수 있다! 스스로 하는 공부만이 진짜 공부다.

07 어차피 하는 공부, SKY를 목표로 하라

간절히 원하고 목숨을 걸고 도전해보라

내가 축구를 그만두고 처음 공부를 할 때 많은 사람들이 무시하고 비아냥거렸다. 서울대를 목표했을 때는 나를 사랑하고 아끼는 아버지조차도 미쳤다고 했다. 가족을 포함해 수많은 사람들이 나에게 안 된다고 하고 심지어 부정적인 말까지 했다. 그럼에도 불구하고 나는 왜 서울대를 꿈꾸고 불가능에 도전했을까?

나는 어릴 때부터 꿈꾸어왔던 축구선수의 꿈을 이루지 못했다. 축구선수로서는 실패했기에 공부에서 만큼은 실패를 할 수 없었다. 그래야 내가 원하는 삶을 살 수 있을 것이라고 확신했다. 그렇기 때문에 남들처럼 적당히 공부해서 점수를 맞춰 대학 가는 것은 공부를 안 하는 것만 못 했다.

나는 한 번뿐인 인생을 남들과는 다르게 최고로 살고 싶다는 욕구가 강했다. 입시에서의 최고는 SKY 대학 합격이다. 하지만 나는 연고대도 보지 않았고 오직 서울대만을 원했다. 나의 성적과 환경은 전혀 중요하지 않았다. 내가 성공을 얼마나 간절히 원하느냐가 제일 중요했다.

축구선수가 공부를 하는 것 자체가 우리나라에서는 기적이다. 나는 단순히 공부를 하는 것이 아니라 불가능과 비상식에 도전하는 것이었다. 주위 사람들의 반대와 무시는 당연하다고 생각했다. 그렇기에 그들의 부정적인 말에 흔들릴 필요가 없었다. 오히려 그들이 나를 무시했기에 나는 더더욱 서울대에 합격을 하고 싶었다. 그들의 생각이 잘못되었다는 것을 증명하고 싶었다. 축구선수도 공부해서 서울대 갈 수 있다는 것을!

나는 공부를 하는 과정에서도 수없이 많은 부정적인 말을 들었다. 나도 사람인지라 흔들릴 때도, 포기하고 싶을 때도 있었다. 하지만 그럴수록 주위사람들의 말을 흘려듣고 더욱 간절하게 서울대 합격을 상상하며 중심을 잃지 않기 위해 노력했다.

나는 합격발표 날까지 서울대 합격을 상상했다. 내가 서울대 합격을 하는 것에 대해 단 한 번도 의심한 적 없다. 오히려 이미 서울대생인 것처럼 행동했다. 언제부터인가 학교에서 나의 별명은 'S.N.U^{Seoul National}

University'가 되었다. 같은 학년 친구들끼리 축구 유니폼을 맞출 때도 이름 적는 칸에 S.N.U라고 적기까지 했다. 서울대 합격에 미치니 모든 것이 합격할 수밖에 없는 환경으로 만들어졌다. 결국 나는 축구선수에서 서울대 합격을 이루었고 내가 옳았음을 증명했다.

서울대 합격을 상상하고 또 상상하다

대부분의 사람들은 최고의 꿈을 꾸기를 두려워한다. 스스로에 대한 믿음이 부족하고 무엇보다 주위 사람들의 시선을 너무 많이 의식한다.

'내가 서울대를 목표하면 다들 정신이 나갔다고 하겠지? 부모님부터 친구들까지 온갖 부정적인 말을 하겠지?' 걱정하며 합리화하기 시작한다. 결국에는 이렇게 결론을 내려버린다.

'그래, 내 주제에 무슨 서울대야. 적당히 성적 맞춰서 대학가자.'

중요한 것은 부정적인 말을 한 사람들이 우리 인생을 책임지지 않는다는 것이다. 부정적인 말을 한 사람들은 지나가는 말로 툭 뱉고 잊어버린다. 그 말에 가장 신경을 쓰고 상처를 받는 사람은 꿈꾸는 본인이다. 나중에 부정적인 말을 한 사람한테 가서 그때 왜 그렇게 말했냐고 물어보면 분명 "내가 그런 말을 했어? 기억도 안 나는데."라고 말할 것이다. 그런데도 부정적인 사람들의 말 몇 마디에 소중한 꿈을 포기할 것인가?

　사람들이 꿈꾸는 사람들에게 무시하고 비아냥거리는 가장 큰 이유는 두려움 때문이다. 본인은 평범하게 살고 싶다. 더불어 주위 사람들도 그렇게 살았으면 하는 것이다. 그들은 꿈꾸는 사람들이 진짜 그 꿈을 이룰까봐 두려워한다. 본인이 아니라고, 안 된다고 했던 것을 그들이 이루어 버리면 본인이 틀렸다는 것이 증명되기 때문이다. 그가 꿈을 이루는 순간 그 사람은 본인과는 아예 다른 사람이 되어버린다. 본인은 변화 없이 제자리에 머물며 그 사람을 평생 우러러봐야 한다. 평범하게 살고 싶은데, 최고를 꿈꾸는 우리가 눈에 거슬리니 무시와 비아냥으로 우리의 꿈을 꺾어 본인들과 같이 만들려고 하는 것이다.

　꿈을 이룬 자는 그 어떤 부정적인 말에도 흔들리지 않고 꿈에만 집중한다. 꿈을 못 이룬 자는 사소한 말 한마디에도 상처를 받고 쉽게 포기한다. 이것이 바로 꿈을 이룬 자와 못 이룬 자의 차이이고 꿈을 이룬 사람, 성공한 사람의 비율이 극소수인 이유이다.

SKY를 목표로 해야 하는 이유

① SKY를 목표로 해야 입시전략의 정석을 알 수 있다

하지만 수험생들의 마음이 모두 나 같을 수는 없다. 모든 수험생들이 SKY를 가야 할 이유도 없고, 갈 필요도 없다. 학벌이 인생의 전부도 아니고 학벌 없이도 성공한 사람들을 많이 볼 수 있다. 반대로 SKY를 나와도 백수인 사람들도 있다. 내가 서울대학교에 직접 다녀보고 사회생활을 하면서 학벌이 절대로 내 인생을 책임져주지 않는다는 것을 많이 느끼고 있다.

그럼에도 우리가 SKY를 꿈꾸며 공부를 해야 하는 현실적이고 전략적인 이유가 있다. 현대 입시에서 성적보다 중요한 것은 '전략'이다. 본인이 가고자 하는 대학, 학과와 전형을 바탕으로 자신에게 맞는 전략을 수립해야 한다. 하지만 입시전략을 수립을 하는 것이 쉬운 일이 아니다. 입시전략을 수립하기 어려운 이유는 단순히 전형이 수만 가지이고 복잡해서가 아니다. 목표 대학과 학과를 설정하는 것이 어렵기 때문이다. 그래도 목표 대학은 정하기 쉬운 편이지만 어떤 학과를 갈지 정하는 것이 수험생들이 가장 큰 어려움을 겪는 부분이다.

학과설정이 중요한 이유는 직업적인 부분 때문이 아니다. 지금 본인이 하고 싶은 일, 직업이 있다고 할지라도 대학에 가서는 전혀 다른 일을 할 수 있다. 나는 고등학교 때 스포츠 센터 CEO, FIFA 회장이 꿈이었지만 지금은 그것과는 전혀 다른 1인기업가의 삶을 살고 있다. 학과 설정이 중요한 이유는 어떤 학과를 정하느냐에 따라 입시전형이 달라지기 때문이다. 심지어 같은 학과라 하더라도 전형이 여러 가지가 있다.

이럴 때 가장 좋은 방법은 표준을 따르는 것이다. 우리가 태어나서 처음 가는 지역에서 친구를 만나 밥을 먹는다고 생각해보자. 다들 어떻게 메뉴를 정하는가? 스마트폰을 가지고 있다면 누구나 블로그, 인스타그램에 검색을 할 것이다. 검색을 해서 리뷰가 많고 평이 좋은 맛집에 간다.

입시전략 수립도 마찬가지다. 지금 당장 목표 대학, 학과를 못 정했다면 SKY의 입학전형을 참고하면 된다. 대한민국의 대학들은 SKY를 기준으로 입학전형을 정하기 때문이다. SKY의 전형대로 전략을 세우고 공부하면 다른 대학에 가는 것은 수월하다. 실제로도 SKY과 다른 학교들의 전형을 비교해보면 SKY과 크게 다를 것이 없다는 것을 확인할 수 있다.

② 100을 목표로 해야 90이라도 한다

SKY를 꿈꿔야 하는 또 다른 이유는 노력이다. 모든 국가대표 선수들은 월드컵 우승, 올림픽 금메달을 목표를 한다. 본인의 실력이 우승과 금메달과는 멀더라도 최고를 꿈꾼다. 목표가 우승과 금메달인데 대충 할 수가 없다. 최고가 목표이기 때문에 국가대표 선수들은 자신의 모든 것을 건다. 본인의 한계를 뛰어넘어야 하기 때문에 죽을 만큼이 아니라 죽는다는 각오로 노력한다. 그 노력이 기회와 만났을 때 우승, 금메달이라는 값진 성과를 내는 것이다.

반대로 목표가 '참가하는 데 있다.'라고 해보자. 시합에 나가기 때문에 열심히는 하겠지만 목숨 걸고 노력하지 않아도 된다. 힘든 상황이 있어도 대충 하거나 쉬엄쉬엄 할 것이다. 그렇게 되면 대회에 참가를 하기도 부끄러운 실력이 될 것은 뻔하다.

입시도 마찬가지다. 목표를 SKY으로 잡으면 대충 공부할 수가 없다. 모든 것을 공부에 집중하고 방해되는 것을 다 정리해야 한다. 자신의 모든 것을 쏟아 붓는 노력으로 공부를 하게 된다. 공부를 하다가 힘들고 어려운 상황이 생겨도 포기하지 않고 버티게 된다. 그러면 스스로가 생각하지도 못 했던 자신을 발견하고 실력과 성적은 상상 이상으로 상승하게 된다. 설상 SKY를 못 간다 하더라도 상위권의 대학을 갈 정도의 결과를 얻는다.

반대로 중위권 대학을 목표로 하게 된다면? 적당히 노력하고 놀 것 다 놀며 공부한다. 힘들면 쉽게 포기하고 대충하게 된다. 그러면 중위권 대학은커녕 중하위권 대학도 겨우 갈까 말까 하게 된다.

원하든 원치 않든 수험생이라면 3년 동안 공부를 해야 한다. 어차피 하는 공부라면 최고에 도전을 해야 한다. 우리 인생에서 입시는 단 한 번뿐이고 한 번뿐인 소중한 인생인데 두려울 것은 없다. SKY를 가는 첫 번째 단계는 SKY를 꿈꾸는 것이다. 책상에 앉아서 공부하는 것이 먼저가 아니다. 입시생이라면 지금 당장 SKY를 꿈꿔라!

<입시공부 핵심 정리 노트>

수험생이면 SKY를 꿈꿔야 하는 이유

1. 한 번뿐인 인생, 어차피 공부할 것이라면 최고를 목표로 하라
2. 입시전략적 이유 – SKY를 따라 다른 대학들도 입학전형을 만든다
3. 노력 – 최고를 목표로 해야 그에 맞는 노력을 한다

08 고3 때 공부하는 양이 적어야 정상이다

공부 잘하는 학생과 못하는 학생은 고3 때 확인된다

고3이 되면 공부 잘하는 학생과 못하는 학생들을 확실하게 구분할 수 있다. 공부를 잘하는 학생들의 책상에는 실전문제집이 있고 기본서, 노트가 옆에 놓여 있다. 공부 못하는 학생들의 책상에도 기본서가 놓여 있다. 고1, 2 때 모의고사 문제집 중심으로 공부하다가 고3이 되니 기본개념이 부족하다는 것을 느끼고 다시 기본서를 보고 개념공부를 하고 있는 것이다.

정상적으로 공부를 했다면 고3 때 공부하는 양이 적어야 한다. 보통 사람들은 고3이 제일 중요하고 비중도 높은데 공부하는 양이 많아야 되는 것이 아니냐고 생각할 수 있다. 본인들이 고3 때 기본서를 가지고 개념이해 공부를 하고 있는 사람들은 그렇게 얘기한다. 수능시험과 입학원서를 넣어야 하는 날짜가 카운팅되어 심리적 부담을 많이 받기 때문에 그렇게 생각할 수도 있다. 하지만 입시전략적으로 봤을 때 고3 때 공부하는 양이 고1, 고2 때보다 적다.

고1~2 때는 기본 실력 향상, 고3 때는 문제풀이와 실전훈련 중심의 공부를 하라

어떤 분야든 처음에 기본기를 익힐 때 많은 시간이 걸리고 재미도 없고 지루하다. 기본기가 익혀지는 순간부터 다양한 것들을 익히게 되어 즐겁고 재밌어진다. 고1, 2 때는 기본개념과 수능에서 요구하는 기본실력을 기르는 공부를 한다. 개념 하나를 제대로 이해하고 지문 하나를 분석하는 데 많은 시간이 걸린다. 수학, 물리 말고는 평소에 문제도 거의 풀지 않기 때문에 지루하다. 이 시기 때 수학은 많은 문제를 풀기보다 제대로 풀고 분석하는 데 집중한다. 수능 전 과목에 대한 공부를 해야 하고 그러면서 주기적으로 내신시험도 준비해야 한다. 이렇게 공부하면 현실적으로도 고1, 2학년 때는 실전문제를 풀 수 있는 시간이 없다.

고3 때는 이와 반대로 실전문제풀이와 실전훈련에 집중해야 한다. 이때는 절대로 개념중심의 공부를 해서는 안 된다. 시험과 문제의 비중을

8:2로 두어야 한다. 다양하고 많은 문제를 풀어봐야 한다. 2년 동안 제대로 개념이해와 기초실력을 쌓았다면 웬만한 문제는 잘 풀 수 있다. 문제를 풀면서 애매하거나 어려운 문제를 중심으로 분석하고 부족한 부분을 보완을 해주면 되는 것이다. 제대로 기초가 되어 있기에 분석하고 보완하는 시간도 그렇게 많이 걸리지 않는다.

실전문제풀이에서 문제응용력과 개념보충까지 완벽하게 되었으면 실전훈련은 더 쉽다. 실력과 실전은 완전히 다르다. 실제 수능과 유사한 환경을 조성해서 다양한 변수를 생각하고 시간을 재면서 실전모의고사 문제를 풀면 된다. 문제를 풀고 시험을 분석하면서 부족한 부분을 보충하면 된다. 수능에서 접할 수 있는 변수들을 예측하고 정리해서 실전훈련 때 적용해보며 대비한다. 그러면 수능에서 어떠한 상황이 생겨도 당황하지 않고 차분하고 자신감 있고 여유롭게 문제를 풀 수 있다.

반면에 보통 학생들은 개념과 기초실력이 제대로 안 잡혀 있으니 실전문제를 풀어보면 틀린 문제가 일단 많다. 틀린 문제가 많다 보니 문제분석을 하는 데만 많은 시간이 걸린다. 부족한 개념을 복습할 때도 개념자체에 대한 공부를 안 했으니 처음부터 다시 공부해야 한다. 그러니 문제 푸는 것을 포기하고 다시 기본서부터 보는 것이다.

혼자서 기본개념을 공부하는 것은 힘들기 때문에 다시 학원을 다니거나 인강을 듣는다. 고1,2 때 복습을 제대로 안 했기에 그때 들었던 내용을 처음부터 다시 듣는 불상사가 발생한다. 수능이 얼마 남지 않았으니 마음은 급해지고 수업내용은 머리에 잘 들어오지 않는다. 스스로 공부하는 습관이 형성되어 있지 않아 복습을 한다고 해도 제대로 되지 않고 일단 개념전체를 보는 데 집중한다. 고3일수록 학원과 인강을 최소화하고 스스로 공부하는 시간을 최대한 확보해야 하는데 이런 상황이니 더욱 힘들 수밖에 없다.

개념이해를 위해 몇 개월을 허비하고 빨라도 7월쯤에 실전문제를 푼다. 수능 전까지 실전문제를 많이 풀고 제대로 분석하고 부족한 개념을 보충해야 한다. 하지만 시간이 턱없이 부족하기에 주어진 문제를 다 풀지 못하는 경우가 많다. 어떻게 해서든 다 푼다고 해도 분량 중심의 공부를 했기에 제대로 공부를 했다고는 하기 힘들다. 고3 때 기본개념을 다시 공부했기에 개념이해도 완벽하지 않은 상태로 문제를 풀게 되어 공부속도가 더딜 수밖에 없다.

어떻게든 실전문제를 다 풀고 실전훈련을 해보려고 하면 이미 10월 중순이나 말이 되어버린다. 수능 날까지 실전훈련도 제대로 못 해보고 수능시험장에 들어간다. 내신 벼락치기와 모의고사 중심의 공부가 수능까지 이어지는 것이다. 기본개념이해, 실전문제풀이와 분석, 실전훈련 그 어떤 것도 제대로 안되었기에 수능점수가 잘 나올 수가 없다.

문제풀이는 고3 수능 직전에 질릴 정도로 한다! 개념을 보충하라!

수험생들이 눈앞의 모의고사 성적을 얻기 위해 지금하고 있는 공부 방식을 바꾸지 않으면 절대로 입시에서 성공할 수 없다. 문제풀이와 암기 중심의 공부와 이별해야 한다. 문제풀이는 고3 때 수능 전까지 질릴 정도로 할 것이다. 고1, 고2 때는 수능을 볼 전 과목의 개념에 대한 완벽한 이해와 수능이 요구하는 실력을 기르는 데 목숨을 걸어야 한다. 이것부터 안되면 그다음 단계는 절대 제대로 할 수가 없다.

착각하지 말아야 할 것은 문제풀이의 비중이 상대적으로 낮을 뿐 이 시기에도 문제풀이를 해야 한다는 것이다. 개념공부를 무시하고 문제만 많이 푸는 방식에 대해 지적하는 것이다. 고3 때는 미친 듯이 문제를 풀고 분석하고 개념에 대한 보충을 해야 한다. 다시 말하지만 고3 때 기본서를 보고 있으면 입시에서 성공할 수 없다.

나는 고1, 2 때 기초개념과 실력향상 중심으로 공부하니 고3 내신공부를 할 때도 엄청난 도움이 되었다. 처음 보는 개념을 수업에서 듣고 복습을 하면 평균 2~3시간 정도 걸린다. 그런데 고3 때 처음 보는 과목의 개념을 목차를 그리며 이해하고 핵심키워드를 그리는 방식으로 공부하는데 30분만 투자하면 되었다. 나도 모르게 자연히 관련 개념을 연계하게 되었다. 고1, 2 때는 의식적으로 해도 될까 말까 했다. 2년 동안 의식적으로 노력한 것이 그때 가서는 무의식적으로 되는 것이었다. 국어, 영어 지문독해도 한 지문당 빠르게 공부해도 30분이 걸렸는데 고3 때는 빠르면 5분, 늦어도 15분이면 다 했다. 틀린 부분 분석이 좀 길어져도 30분이면 끝이 났다.

수능 전 과목 문제풀이, 내신공부, 대학원서 작성 등 고3 때 해야 할 것이 많았다. 하지만 공부실력이 쌓이니 분량은 중요하지 않았다. 공부를 하는 눈과 센스가 길러졌다. 자연스럽게 과목별로 공부하는 시간은 줄어들었고 하루에 할 수 있는 공부량은 더 많아지며 효과가 더욱 커졌다. 입시공부에 신이 들리기 시작한 것이다. 2년 동안 힘들고 답답했어도 비로소 정석대로 공부한 보상을 받았다.

모의고사를 수능과 비교하면 안 된다. 모의고사는 말 그대로 모의일 뿐이다. 모의고사 성적은 수험생들에게 순간적인 만족감을 줄 뿐이다. 모의고사를 중심으로 공부하기에 고등학교 3년 동안 실력향상은커녕 기본개념도 제대로 이해하지 못한 채 수능시험장에 들어가게 된다. 여러분의 대학입학을 결정하는 것은 모의고사가 아닌 수능성적이다.

올바른 방식으로 공부했다면 고3 때 공부량이 적은 것은 정상이다. 남들이 고3이 되어서 기본서를 보면서 고생할 때 여러분은 여유롭게 문제를 풀며 부족한 부분만 보충하는 공부를 해야 한다. 지금부터라도 방법을 바꾸면 그 누구보다 고3 때 여유롭고 효율적으로 공부하며 원하는 목표를 달성할 수 있다.

3장

입시공부법의 핵심은 전략 수립부터다

01 대학은 성적이 아니라 전략으로 간다

나만을 위한 맞춤형 입시전략을 세워라

책상에 앉아서 열심히 공부하고 수업만 집중해서 듣는다고 성적이 오르고 원하는 대학, 명문대를 갈 수 있을까? 대한민국 수험생들은 아침부터 밤까지 죽어라 공부한다. 직장인들은 주말에 쉬기라도 하지만 수험생들은 주말도 없이 공부한다. 그런데 누구는 전교 1등을 하고 SKY를 가고, 누구는 성적이 제자리거나 원하는 대학을 가지 못한다. 누구에게나 똑같은 시간이 주어지고 똑같은 시험을 치는데도 이렇게 결과에서 차이가 나는 이유는 무엇일까?

SKY학생들은 입시 프로이자 전략가들이다. 그들은 성공하는 전략을 수립하고 똑똑하고 여우처럼 준비하고 공부한다. 그들은 본인이 세운 전략을 기준으로 모든 선택을 한다. 본인이 들으려는 수업이나 보려는 교재가 전략에 부합하면 선택해서 공부한다. 하지만 모든 사람들이 다 좋다고 하는 수업이나 교재라 하더라도 본인의 전략에 부합하지 않으면 과감하게 버린다. 조금이라도 전략에서 벗어나면 시간, 에너지, 돈 낭비라고 본능적으로 느낀다. 자신만의 확고한 전략이 있기에 절대로 다른 사람들의 말에 흔들리지 않는다.

그렇다면 전략은 어디서 나올까? 바로 목표 대학과 목표 학과에서 나온다. 중요한 것은 같은 학교, 학과라 하더라도 입학전형이 다양하다는 사실이다. 입학전형은 쉽게 말하면 해당 학과에 들어가기 위해 대학에서 만들어 놓은 조건이다. 이 조건에 부합해야 합격이 되는 것이다. 부모님 시대에는 성적순으로 입학했기에 전형이 지금처럼 다양하지 않았다. 하지만 지금은 하나의 학과에도 다양한 전형이 있다. 수많은 전형 중에서 자신에게 맞는 전형을 찾아서 자신만의 입시전략을 수립해야 하는 것이다. 이것이 바로 맞춤형 입시전략이다.

나의 맞춤형 입시전략 – 서울대 체육교육과

나의 목표는 '서울대학교 체육교육과'였다. 서울대학교 홈페이지를 참고하고 입학담당 선생님께 물어보며 수시와 정시전형에 대해 조사했다.

수시는 일반전형, 특기자전형, 외국인전형, 재외국민전형, 기회균등전형이 있었다. 정시에는 일반전형과 기회균등전형이 있었다. 서울대학교 체육교육과에 들어가는 방법만 해도 7가지나 있는 것이다. 각 전형마다 요구되는 전형도 달랐다. 이중에서 나한테 맞는 전형을 찾아야 했다.

수시 5가지 전형 중 나와 맞는 것은 기회균등전형이었다. 기회균등전형은 다시 농어촌, 저소득층, 북한이탈주민의 3가지 전형으로 나뉘었다. 나는 기회균등전형 중에서도 농어촌전형이 나와 맞다는 것을 파악했다. 기회균등 농어촌전형은 2개의 단계가 있었다. 1단계에서는 내신 성적과 자기소개서로 3배수를 뽑았다. 2단계에서는 내신과 면접을 봤고 수시에서 수능은 정시와 다르게 최저학력기준이 있었다. 2단계 내신과 면접을 통과한다고 해도 최저학력기준을 맞추지 못하면 불합격하는 것이다.

내신은 학교장 추천으로 3명만 지원할 수 있었다. 말이 학교장 추천이지 내신 전교 3등에 들어야 입학원서를 쓸 수 있다는 것이다. 서울대학교는 내신기준이 전 과목이었다. 자기소개서는 별도의 양식이 있었다.
수능은 국어, 영어, 수학, 사회탐구를 봤다. 중요한 것은 서울대는 한국사 과목이 필수였다. 수능에서 만점을 받아도 사회탐구에서 한국사를 선택해서 수능을 보지 않으면 떨어지는 것이다. 다른 대학의 경우 사회탐구를 최소 2개만 응시해도 되었다. 하지만 서울대는 사회탐구 과목을

4과목 모두 응시하고 그중에서 성적이 좋은 2과목을 점수에 반영을 했다. 수능만 7과목을 준비해야 하는 것이다.

수시에 반드시 합격한다는 보장이 없기에 나는 정시도 같이 준비했다. 정시의 경우에는 일반 전형을 준비해야 했다. 1단계에서 수능 성적으로 3배수를 뽑았다. 2단계에서 수능, 실기, 논술, 면접, 학생부내신과 비교과를 보았다. 수시는 최저학력을 기준으로 했다면 수능은 과목별로 반영하는 비율이 달랐고 수학, 국어, 영어, 탐구 순으로 점수를 반영했다. 실기는 기초실기와 전공실기를 모두 봤고 논술은 문과, 이과에 따라 문제가 달랐다. 면접은 교직인적성과 전공 관련한 것을 주로 봤고 학생부의 비중은 수시에 비해 현저히 낮았다. 중요한 것은 서울대 체육교육과는 실기보다 수능의 반영비율이 높았다. 실기에서 만점을 받아도 수능성적이 낮으면 합격할 수 없는 것이다.

수시와 정시전형을 파악하고 나는 입시전략을 수립했다. 나는 항상 전교 1등을 목표로 내신을 준비했다. 그래야 안정적으로 3등 안에 들어갈 수 있기 때문이다. 남들은 국어, 영어, 수학, 탐구와 같이 주요과목만 공부하면 되었다. 하지만 서울대학교는 전 과목의 내신 성적을 평가했다. 나는 일본어, 컴퓨터, 한문은 물론이고 체육, 음악, 미술까지 열심히 해야 했다. 목표와 시간 관리를 더 잘 할 수밖에 없었다. 남들보다 몇 배로 더 노력해서 내신을 준비한 결과 나는 전교 3등 안에 들어 서울대학교 수시 기회균등 농어촌전형에 지원할 수 있었다.

수능은 국어, 영어, 수학을 중심으로 공부하되 한국사 포함 사회탐구 4과목도 함께 공부해야 했다. 내가 가장 취약하고 싫어했지만 반영비율이 가장 높은 과목이 수학이었다. 나는 모든 과목 중에 수학에 많은 시간과 에너지를 썼다. 그 다음으로 국어, 영어 그리고 사회탐구 순으로 우선순위를 정해서 공부했다.

수시전형에서 내신과 수능만큼 중요한 것이 자기소개서였다. 서울대학교도 이제 공부만 잘하는 학생을 뽑지 않겠다는 의미다. 자기소개서에는 지원동기와 학업계획, 지원 모집단위와 관련된 노력, 특별한 성장 과정과 다양한 활동 5개, 독후감 3개를 조건에 맞게 채워야 했다.

자기소개서에서 가장 시간이 오래 걸리고 어려운 부분이 다양한 활동이다. 활동만 다양하면 자기소개서를 쓰는 것은 금방이다. 나는 내신, 수능 공부를 하고 주말까지 자율학습을 하면서도 시간을 내서 각종 활동까지 열심히 했다.

체육교육과였기 때문에 기본적으로 운동과 관련된 활동을 해야 했다. 나는 축구를 잘했기에 학교 대표로 지역에서 하는 축구대회에 참가했다. 창녕교육장기 동아리 축구대회에 참가해서 팀을 2년 연속 우승으로 이끌었다. 교내 체육대회에도 학년 대표로 축구, 발야구, 1,500m 달리기, 400m 계주에 참가했다. 3학년 때는 전교 학생회 체육부장으로 체육대회를 직접 준비했다. 3학년 때 내가 참가한 모든 종목에서 우승을 해서 우리 학년을 종합 우승으로 이끌었고 그 결과 체육대회 MVP를 받았다.

체육, 운동 외에 다른 활동들도 많이 했다. 모든 학교에서 기본적으로 요구하는 것이 봉사활동이다. 우리 학교에는 '맑은아이'라는 봉사 동아리가 있었다. 나는 여기에 가입해 중증 장애인 수용시설, 요양병원 등에 가서 봉사활동을 했다. 봉사활동 관련 MBC 캠페인 촬영도 했다. 고등학교 2학년 겨울방학 때는 서울대학교 봉사동아리 '프로네시스 나눔실천단'이 학교에 왔다. 그때 입시공부 멘토링과 봉사활동에 대한 교육을 받았다.

가장 취약했던 수학을 극복하기 위해 수학경시대회에도 참가했다. 수능, 내신에서도 가장 비중이 큰 과목이 수학이다. 내가 목표한 서울대학교 합격을 위해서는 수학이 싫어도 피할 수 없었다.

나는 도전하고 부딪혀서 나의 한계에 부딪혀보기로 결정했다. 내신, 수능공부와 병행해서 경시대회에 걸맞은 심화문제들도 풀었다. 대회 결과는 우수상! 전교에서 수학으로 2등을 한 것이다.

우리 고등학교에서는 매년 6월 6일 현충일이면 호국순례를 한다. 나의 고향 창녕은 6·25전쟁 때 낙동강 최후 방어선이었다. 우리 조상님들은 청춘을 바쳐 이곳을 목숨 걸고 지키셨다. 바로 6.25전쟁 때 나라를 위해 싸우신 순국선열과 호국영령들을 기리기 위해 호국순례를 하는 것이다. 호국순례가 끝나면 호국보훈 문예공모전을 하는데 나는 교내에서 진행하는 공모전에서 금상, 은상을 수상했다. 경상남도에서 주최한 공모전에서는 대상과 동상을 수상했다. 대상은 국가보훈처 장관상이었다.

독서는 주말이나 방학을 이용해서 틈틈이 했다. 독서만으로 끝낸 것이 아니라 저자, 출판사와 느낀 점과 적용한 점을 중심으로 독후감을 적고 컴퓨터 파일로 정리했다. 읽는 책의 종류도 전공 관련, 자서전, 동기부여 책으로 다양했다.

나는 1, 2학년 때 내신과 수능 공부만 하기도 벅찼고 시간이 턱없이 부족했다. 하지만 내가 원하는 목표를 이루기 위해서는 반드시 해내야만 했다. 목표와 시간 관리를 더욱 철저하게 하고 공부도 전략적으로 할 수밖에 없었다. 그 어떤 시간, 에너지를 낭비할 수가 없었던 것이다.

나는 절대로 머리가 좋아서 서울대 합격을 한 것이 아니다. 나는 처음 공부할 때 성적이 전교 뒤에서 3등이었다. 하지만 누구보다 서울대 합격이 간절했고 나한테 맞는 입시전략을 완벽하게 만들었다. 나는 전략대로 똑똑하게 준비하고 목숨 걸고 노력해서 서울대 합격을 한 것이다. 소처럼 열심히만 공부하는 학생이 아닌, 여우처럼 똑똑하고 전략적으로 공부하는 학생이 되어야 한다. 입시는 머리가 아니라 전략으로 하는 것이다!

02 목표대학 100% 합격하는 맞춤형 입시전략 수립법

전교 1등이 아니라 전략가가 서울대 간다

전교 1등이 서울대 가는 시대는 이제 끝났다. 전교 1등이 무조건 서울대 간다? 이 말은 부모님 시대에서만 통하는 말이다. 지금 시대에서는 통하지 않는다. 그러니 전교 1등이 아니라고 해서 실망할 필요는 없다. 모든 서울대 합격생이 전교 1등은 아니다. 전교 1등이 아니라도 서울대 갈 수 있다는 것이다.

나 또한 전교 1등이 아니었다. 3학년 1학기까지의 내신을 종합했을 때 나는 전교 3등이었다. 수시 원서를 넣을 때도 선생님들은 내신 성적이 좋은 전교 1, 2등이 합격할 것이라고 예측했다. 하지만 예측 결과는 완전히 빛나갔다. 전교 1등은 부산대, 전교 2등은 연세대에 합격했다. 전교 3등인 내가 서울대에 합격했다. 심지어 그들은 서울대 수시 1차에서 떨어졌다. 어떻게 전교 3등인 내가 전교 1, 2등을 제치고 서울대에 합격할 수 있었을까?

우리 학교 전교 1, 2등은 고등학교 1학년 때부터 내신 성적을 최상위권으로 유지했다. 그들은 모의고사 성적은 항상 최상위권이 아니어도 최소한 언제나 상위권을 유지했다. 전교 1, 2등이 3년 동안 1등을 번갈아가면서 했다. 나는 전교 1등도 아니었고 모의고사 성적이 3년 동안 좋았던 적이 거의 없었다.

그럼에도 불구하고 내가 서울대를 갈 수 있었던 이유는 입시공부의 핵심을 제대로 이해했기 때문이다. 성적이 높든 낮든 상관없이 입시공부 전체를 제대로 이해하고 있는 수험생은 거의 없다. 수험생들은 오직 눈앞의 내신과 모의고사 성적에만 관심이 있다. 그들에게 있어 공부는 책상에 앉아서 하는 공부가 전부다.

하지만 성적을 잘 받기 위한 공부는 입시공부의 일부일 뿐이다. 나는 입시공부에는 과목공부뿐만 아니라 꿈, 목표설정, 전략 및 계획수립, 자기관리, 마인드 관리 등이 있다는 것을 명확하게 알고 있었다.

대부분의 수험생들은 목표 대학 및 학과 설정, 전략 및 로드맵 수립,

자기관리에는 소홀하다. 당장 중요하지 않다고 생각하고 귀찮다는 이유로 미룬다. 그 순간은 편하고 결과로 바로 나타나지 않기에 아무렇지 않은 것처럼 보인다. 하지만 고3이 되면 그제야 본인이 어디를 가야할지 정해야 한다는 것을 알게 된다. 그때부터 시작하면 발등에 불이 떨어지고 준비하기에는 시간이 너무 촉박하다. 내신과 자기소개서는 고3 때부터 준비하기에는 너무 늦다. 수능은 평소에 공부를 좀 했던 학생이라면 그나마 희망은 있다. 기본개념과 실력이 길러져 있다는 전제하에!

나는 내신과 수능공부를 하기 전에 '맞춤형 입시전략'을 세우는 데 모든 것을 집중했다. 맞춤형 입시전략이 없으면 공부를 해서는 안 된다. 아니 공부를 시작하는 것 자체가 불가능하다. 보통 학생들은 입시의 성패가 성적이 아니라 '맞춤형 전략 수립'에 달려 있다는 것을 모른다. 전략 없이 하는 공부는 말 그대로 시간, 노력 낭비다. 입시공부에서의 노력은 명확한 목표와 맞춤형 입시전략이 있을 때 발휘한다. 내가 서울대에 갈 수 있었던 비결은 성적이 아닌 입시전략이었다!

입시강연회 가지 않고 맞춤형 입시전략 수립하는 방법

수험생이나 학부모는 '입시전략!' 하면 어렵게 생각한다. 해당 대학교 홈페이지에 접속해도 무엇을 봐야할지를 모르고 전형이 너무 많고 내용도 복잡하기 때문이다. 그래서 비싼 돈과 시간을 들여서 입시강연회에

간다. 입시강연회에서 전체적인 것은 알 수 있지만 맞춤형 전략을 수립할 수는 없다. 본인의 목표 대학과 학과가 있어야 전략을 세울 수 있는데 그것이 없으니 몇 시간의 입시강연회를 듣고 와도 남는 것은 없고 머리만 더 복잡해진다.

그런데 입시전략을 세우는 것은 의외로 쉽다. 돈이 전혀 들지 않고 빠르게 하면 1시간 내에도 입시전략을 세울 수 있다. 나는 수많은 학생들의 입시전략을 수립해주었다. 이 학생의 목표 대학과 학과만 정해지면 해당 학교 홈페이지의 입학전형 탭에 들어간다. 그것을 보고 학생에게 맞는 전형을 확인한다. 전형을 보며 그 전형에서 요구하는 것이 무엇인지를 파악하고 정리하면 된다.

① 최소 3개의 목표 대학, 학과를 정하라

이때 중요한 것은 '입시종합본'이 나와야 한다는 것이다. 대학 목표와 학과를 정할 때 하나의 전형만 조사해서는 안 된다. 무엇이든지 올인 전략은 위험하고 항상 최대한의 가능성을 열어놔야 한다. 최소 3개의 목표 대학, 학과를 정해야 한다. 그러면 최소 3개의 전형이 나오게 되고 그 전형들의 합집합을 찾아서 입시전략을 수립하는 것이다.

예를 들면 A학교에서 내신과목을 국어, 영어를 보고 B학교에서 수학,

탐구를 본다고 해보자. C학교에서는 예체능만을 본다고 해보자. 그렇다면 내신은 국어, 영어, 수학, 탐구, 예체능 전부를 준비해야 하는 것이다. 그 후에 각 과목별로 반영비율이 어떤지 살펴보면 된다. 보통 국어, 영어, 수학이 높고 나머지 과목은 반영비율이 낮다. 그러면 과목별 우선순위가 나오게 되고 실제 공부할 때 그것을 염두에 두면서 공부를 하면 된다. 수학의 비중이 가장 높은데 영어에 가장 많은 시간과 에너지를 투자하면 안되는 것이다.

② 로드맵 및 계획을 수립하라

가장 중요한 입시전략이 수립되면 그 다음은 로드맵을 짜고 계획을 수립해야 한다. 차를 타고 어디를 갈 때 목적지가 정해졌다고 그냥 가지는 않는다. 목적지에 가기 위해 어떤 도로를 타야하고 어디서 빠져야 하는지 등 어떻게 가야 하는지를 파악한다. 요즘은 내비게이션이 있기 때문에 일일이 계획을 세울 필요는 없다. 이 내비게이션 역할을 하는 것이 로드맵과 계획이다.

수험생들은 내신 및 모의고사 성적을 위한 계획은 수립할 줄 안다. 당장의 성적을 위한 공부는 할 수 있기 때문이다. 하지만 입시를 위한 로드맵은 어떻게 세워야 할지를 잘 모른다. 로드맵 없이 입시공부를 한다는 것은 목적지는 있지만 내비게이션 없이 고속도로를 탄 것과 마찬가지이다. 반드시 수능 및 합격 발표일을 기준으로 3년, 1년 로드맵과 학기, 주, 일 계획을 수립해야 한다.

③ 내신과 모의고사에 목매지 마라

전교 1, 2등은 내신과 모의고사 전문가에 있어서만 전문가이다. 그들은 내신과 모의고사 성적을 받는 것에만 모든 것을 건다. 눈앞의 내신, 모의고사 성적에 집중하면 당장은 1등이 되어 주위 사람들의 부러움의 시선과 존경을 받는다. 하지만 입시에서는 실패할 가능성이 크다. 전교 1,2등이 아무리 내신이 최상위라고 해도 수시전형에서는 이것을 받혀줄 수 있는 자기소개가 없으면 불합격한다.

학교 선생님들과 학원, 인강 강사들이 학기 초반에 하는 공통적으로 하는 얘기가 있다.

"3월 모의고사가 수능성적을 결정한다."

그렇게 얘기하는 이유는 학교 선생님들과 학원, 인강 강사들이 학생들을 다루기 가장 쉬운 방법이 모의고사 성적이기 때문이다. 수능은 많이 남아 있기에 학생들에게 강조를 해도 와닿지 않는다. 하지만 모의고사 성적은 바로 결과가 나오기에 학생들은 긴장하고 더욱 열심히 공부하게 된다.

하지만 입시에 있어 모의고사 성적은 절대 중요하지 않다. 3월 모의고사가 수능 성적이라면 굳이 공부할 필요가 없다. 내가 제일 이해가 안되는 것이 모의고사 성적을 잘 받았다고 칭찬하고 홍보를 하는 것이다. 내신은 입시에 직접적인 영향을 끼치기에 입시전략이 당장 없어도 열심히 할 수 있다. 하지만 모의고사 성적은 어떤 대학에서도 보지 않는다. 3년 동안 모의고사 성적을 모두 만점을 받아도 수능에서 3등급이면 그 학생은 3등급인 것이다.

모의고사 중심으로 공부를 하면 기본개념보다 문제풀이에 집중할 수밖에 없다. 당장 한두 달 뒤에 모의고사 성적을 잘 받아야 하기 때문이다. 문제풀이에 집중하면 성적이 어느 정도는 오른다. 가끔씩 1등급 받을 때도 있다. 하지만 딱 거기까지고 그 이상 성적이 향상되지 않는다. 고3이 되면 그제야 기본개념의 중요성을 깨닫고 그때부터 다시 기본서 공부를 한다.

무엇보다 모의고사 시험과 수능시험은 차원이 다르다. 모의고사 성적은 항상 최상위인데 수능에서는 실력을 발휘하지 못하는 학생들이 많다. 모의고사가 평가전이라면 수능은 월드컵, 올림픽이다. 평소 실력이 좋다고 해서 실전에서 잘한다는 보장은 없다. 실전에서는 실력 외에 수많은 변수가 있기 때문이다. 모의고사 성적이 수능성적과 입시성공을 보장하지 않는다.

④ 건강 관리는 필수다

우리 학교 전교 1, 2등은 책상에 앉아서 수업 듣고 공부만 했고 건강관리에는 관심이 없었다. 그들은 운동을 싫어하거나 안 했고 건강관리라고는 쉬는 시간에 잠깐 쉬고 맛있는 것 먹고 자는 것이 전부였다. 그들은 고2 때까지는 어떻게든 버틸 수 있었지만 고3 때부터 체력이 떨어지고 정신력과 의지가 약해졌다. 나는 공부하면서 틈틈이 운동을 했기에 누구보다 건강관리가 잘 되었다. 시간이 갈수록 몸과 정신이 강해졌고 스트레스를 가장 많이 받는 고3을 현명하게 극복할 수 있었다.

전교 1등이 내신과 모의고사 전문가라면 서울대 합격생은 입시전문가이다. 전교 1등이 모범회사원이라면 서울대 합격생은 CEO, 리더이다. 당장의 내신, 모의고사에만 집중하기보다 자신만의 입시전략을 바탕으로 전체를 보며 준비하고 공부를 해야 입시에서 성공할 수 있다. 이것이 바로 전교 1등과 서울대 합격생 공부의 차이다.

<입시공부 핵심 정리 노트>

서울대 합격생이 알려주는 맞춤형 입시전략 수립법

1. 목표 대학과 학과를 명확히 정한다
- 당장 정하기 힘들다면 SKY를 목표로 해서 본인이 가고자 하는 학과를 정한다.
- 최소 3개의 목표 대학을 정해야 안정적이고 종합적인 입시전략이 나온다.

2. 해당 학과의 전형에서 본인과 맞는 전형을 찾는다.
- 목표하는 대학의 사이트에 가면 입학전형(수시, 정시)이 나온다.
- 전형조건을 보면 본인이 지원할 수 있는 전형인지 파악할 수 있다.

3. 전형조건을 보고 각 요소별로 요구되는 사항을 하나도 빠짐없이 정리한다.
- 전형단계, 각 요소별 반영비율, 반영되는 과목과 반영비율 등.

4. 도출된 전형을 종합해서 맞춤형 입시전략을 수립한다.
- 주의할 것은 교집합이 아니라 합집합으로 전략을 세워야 한다.

5. 맞춤형 입시전략을 매일 아침마다 보며 전략을 중심으로 선택과 집

중의 공부를 한다.

03 명문대 합격을 위한 3단계 전략

3년 계획은 학년별로 세우는 것이 아니다

이제 많은 수험생들이 다양한 정보를 접해서 계획을 세워야 하는 것은 누구나 안다. 오늘 계획만이 아니라 3년 전체에 대한 계획을 세워야 하는 것도! 그런데 가장 실수하는 것 중에 하나가 3년 계획을 1, 2, 3학년으로 나누어 세우는 것이다. 학년별로 공부할 것을 계획하는 태도는 필요하다. 하지만 입시에서 성공하는 전략과 계획은 학년별로 나누는 것과는 다르다.

명문대 합격을 위해서는 3단계 전략이 필요하다.

1단계 : 기본개념이해와 실력향상

2단계 : 문제풀이와 분석

3단계 : 실전훈련

1단계에서는 개념에 대한 완벽한 이해와 과목별 요구되는 실력을 기른다. 2단계에서는 심화, 응용된 문제들을 풀고 분석하고 부족한 부분을 보완한다. 3단계에서는 실제 수능과 유사한 환경을 만들어 실전훈련을 한다. 중요한 것은 3단계가 1학년-1단계, 2학년-2단계, 3학년-3단계로 나누는 것이 아니라는 것이다.

1단계 - 기본개념이해와 실력향상

1단계는 1,2학년에 걸쳐 2년 동안 하는 것이다. 본인이 수능에서 볼 전 과목에 대한 개념이해와 실력을 길러야 한다. 이 공부를 고3이 되기 전에 반드시 다 끝내야 한다. 고3이 되고 나서 개념이해하고 실력을 기르면 늦다. 본인의 선택과목에 대한 수업이 학교에서 고3 때 한다면 따로 인강을 듣거나 학원을 다녀서라도 미리 끝내야 한다.

국어와 영어는 독해력을 기르는 데 모든 것을 집중하면서 공부한다. 독해를 하면서 부족한 단어, 문법, 배경지식 등을 같이 공부한다. 지문 수는 정해진 것은 없지만 하루 최소 2~3지문을 읽는 것이 필요하다. 본인의 실력이나 공부시간을 고려해 지문 수를 더 늘리는 것은 상관없다. 다만 국어, 영어 지문독해에 많은 시간을 투자한 나머지 수학, 탐구 공부를 소홀히 하면 안 된다.

국어 문학의 경우에는 별도의 공부가 필요하다. 고등학교 2학년 겨울방학 때 교과서에 나온 문학작품시, 소설, 고전들에 대한 총복습이 필요하다. 비문학은 새로운 지문들만 나오지만 문학의 경우 교과서에 나온 작품들이 수능에 나오기 때문이다. 지문에 안 나오면 문제에서라도 활용해서 나온다.

수학은 개념에 대한 이해와 문제풀이를 중심으로 공부한다. 문제풀이라고 해서 기초적인 것만 푸는 것이 아니라 심화문제들도 같이 풀어야한다. 중요한 것은 미적분, 수2 등 학교에서 고3 때 진도가 나가는 과목이 있더라도 해당 과목의 개념에 대한 공부는 고3이 되기 전에 끝내야 한다. 그렇지 않은 상태에서 고3이 되어 개념공부를 하면 감당이 안 된다. 인강과 학원을 활용해서라도 다 끝내야 한다.

탐구는 문제에 대한 비중이 수학보다 낮으니 문제보단 개념이해에 많은 비중을 두고 공부한다. 수학과 마찬가지로 선택과목을 고3 때 학교 수업에서 한다면 인강과 학원을 활용해서 고3 전에 개념공부를 다 끝내야한다. 나의 경우에는 서울대를 지원했기에 한국사가 필수였다. 한국사는

1학년 수업 때 내신을 위한 개념만 배우고 그 이후에는 학교에서 따로 배울 수 없었다. 그래서 고2 때 인강을 활용해서 수능을 위한 개념공부를 혼자서 했고 고3이 되기 전에 끝냈다.

2단계 - 문제풀이와 분석

2단계는 문제풀이와 분석으로 고3 3~8월, 6개월 동안 하는 것이다. 문제풀이라고 해서 실전모의고사 문제를 푸는 것이 아니다. 시중에 나와 있는 수능·모의고사 5개년 문제집, 수능·모의고사 수준의 문제집들을 사서 푸는 것이다. 이때의 핵심은 문제풀이보다 '분석'이다. 문제집을 고를 때 문제해설과 해당 개념의 설명이 상세한 것을 골라야 한다.

2단계에서 문제를 풀 때 시간은 중요하지는 않지만 문제당 시간을 정하고 푸는 것을 추천한다. 시간을 정해놓으면 자연스럽게 긴장을 하고 집중해서 문제를 푼다. 시간이 부족한 고3이기에 이러한 긴장감 없이 문제를 풀면 한없이 늘어지게 되어 시간낭비가 커진다. 단, 시간에 쫓겨서 문제를 급하게 풀 필요는 없다.

문제를 풀고 나서는 채점이 아니라 '분석'을 제대로 하는 것에 집중해야 한다. 2단계에서는 분석을 통해 본인의 부족한 부분을 보완하는 것이 가장 큰 목표다. 1단계에서 개념을 완벽하게 이해하고 독해력을 길렀다고 해도 실전문제를 풀고 적용하는 것은 다르다. 본인은 이해를 제대로 이해했다고 생각했는데 2단계 문제를 풀며 이해가 부족한 부분이 있다는 것을 알 수 있다.

국어는 지문과 문제 2가지를 분석해야 한다. 문제를 틀리는 가장 큰 이유는 지문 내용에 대한 이해부족에 있다. 이 경우에는 1단계에서 한 독해공부법을 적용하면 된다. 지문의 핵심내용의 주제를 왜 잘못 파악했는지, 어떠한 부분을 잘못 이해했는지를 분석한다.

지문은 완벽하게 이해했는데 문제를 잘못 이해해서 틀리는 경우가 있다. 이때는 문제의 어떤 부분을 잘못 이해했고 왜 지문 내용을 문제와 연결하지 못했는지 분석해야 한다. 문제유형별 풀이법도 이 과정에서 같이 정리한다.

국어문제를 분석할 때 가장 중요한 것은 '선택지에 대한 분석'이다. 본인이 잘못 선택한 선택지뿐만 아니라 다른 선택지들은 왜 맞거나 틀렸는지를 합리적인 근거를 찾으며 분석해야 한다. 정답이 2번이고 본인은 1번을 선택했다고 하자. '왜 나는 1번을 답으로 선택했는가? 왜 2번은 답이 아니라고 생각했는가? 왜 2번이 답인가? 3, 4, 5번은 왜 답이 아닌가?'를 분석해야 한다는 것이다. 분석한 내용은 지문과 연계해서 표시하고 글로 자세하게 정리해야 한다.

영어의 경우에는 1단계 때 하는 방식과 같고 문제에 대한 분석만 추가로 해주면 된다. 국어와 다른 점은 영어문제는 국어처럼 문제가 복잡하지 않다. 문제를 틀린 이유는 '독해'이기 때문에 독해력을 중심으로 분석하고 보완하면 된다. 영어독해도 정해진 문제유형이 있으니 유형별 해결법을 정리해둔다.

수학의 경우에는 1단계 때 한 문제분석을 중심으로 분석을 하면 된다. 이 단계에서 부족한 개념에 대해 보충 공부를 할 때 주의할 점이 있다. 개념 전체를 공부하는 것이 아니라 틀린 부분만 뽑아서 공부해야 한다. 예를 들면, 이차방정식 근의 공식을 몰라서 문제를 틀렸다고 하자. 그러면 근의 공식 파트만 공부하면 되지 이차방정식 전체를 다시 공부할 필요가 없다는 뜻이다. 부족한 개념의 보완만큼 중요한 것이 단원별 통합 공부이다. 수능·모의고사 문제에는 하나의 문제에 여러 가지 개념이 복합적으로 나온다. 이런 문제의 경우에 어떤 개념들이 통합되어서 나왔는지를 정리한다.

탐구의 경우에는 문제풀이를 하더라도 개념에 대한 이해와 정리가 제일 중요하다. 수학과 비슷한 방식으로 문제분석을 하되 개념복습에 더 많은 비중을 두어야 한다. 1단계에서 개념공부를 할 때는 사소한 것들을 암기할 필요는 없다. 암기해도 금방 까먹기 때문에 이해와 정리 중심으로 하면 된다. 하지만 2단계에서는 틀리거나 부족한 개념에 대해서는 다시 보고 완벽하고 꼼꼼하게 암기하는 공부를 해줘야 한다. 정리되지 않은 개념은 따로 노트에 정리한다. 문제와 개념공부를 병행하기 때문에 개념을 이해하고 암기하는 것이 더 수월하다.

3단계 - 실전훈련

3단계는 '실전훈련'이다. 실전에서 생길 수 있는 다양한 변수들을 대비하는 단계로 고3 9월부터 수능 3일 전까지 하면 된다. 수능 3일 전부터는 이때까지의 공부한 모든 것에 대해 총정리를 해야 한다. 이때 사용하는 문제집은 실제 수능과 모의고사와 똑같은 형태의 '실전모의고사 문제집'이다. 시험지와 함께 'OMR 카드'와 시험 때 사용할 컴퓨터용 사인펜, 펜을 준비해야 한다.

3단계에서는 수능시험에서 접할 수 있는 다양한 환경을 만드는 것이 핵심이다. 수능이 있는 11월은 보통 날씨가 많이 추워서 교실에 히터를 많이 틀고 수능 날에 본인이 어디서 시험을 칠지 모른다. 교실의 히터를 틀어 덥게 만들거나 아예 춥게 만들고 다양한 자리에서 훈련을 해야 한다. 듣기평가를 대비해서 나는 일부러 가장 시끄러운 쉬는 시간에 듣기 훈련을 했다.

실전훈련을 할 때 가장 중요한 것은 '시간'이다. 모든 시험에는 '정해진 시간'이 있다. 시험의 목적은 '주어진 시간 내에 출제자가 원하는 답을 정확하고 효율적으로 찾는 것.'이다. 아무리 똑똑하고 어려운 문제를 잘 푼다고 하더라도 시간을 지키지 못하면 의미 없다. 시간은 해당 과목의 원래 시간보다 10분 당겨서 문제를 푼다. 긴장감과 집중력은 물론이고 실제 수능시험장에서 시간에 끌려 다니지 않고 여유롭게 문제를 풀 수 있다. 나 같은 경우에도 이렇게 훈련해서 시간에 쫓기지 않고 수능문제를 풀었고 탐구과목은 15분만에 다 풀었다.

3단계에서도 문제를 다 풀고 나서 분석은 필수이다. 개념이나 문제가 틀렸다면 2단계에서의 방식대로 하면 된다. 이때 2단계에서와는 다른 분석이 추가된다. 바로 '외적 분석'이다. 실전훈련을 하다 보면 개념이해, 문제풀이 외의 다른 원인으로 문제를 틀린 경우가 있다. 계산 실수, OMR 체크 실수, 시간배분 실패, 조급한 마인드 등의 분석을 통해 자신만의 시험루틴과 전략을 만들고 정리해야 한다.

'문제유형정리'도 필수다. 과목별로 문제유형을 분석해서 본인이 실제 시험에서 그런 문제가 나올 때 어떻게 풀지 전략을 반드시 세워야 한다. 몇 세트 정도 하다 보면 자주 반복해서 나오는 개념, 문제들도 있다는 것도 알 수 있다. 그런 부분들은 따로 표시하거나 정리하고 총정리를 할 때

우선적으로 본다.

이 외에 식단, 건강, 식단, 마인드, 생활관리 등에도 철저히 신경 써야 한다. 3년 동안 준비했고 인생을 결정하는 시험이다. 공부한 것과는 상관없이 아프거나 마음이 불안하고 시험 당일에 먹은 음식이 몸에 맞지 않거나 시험을 보는 도중에 생리적 현상으로 시험을 못 보게 되면 너무 억울하지 않겠는가? 자기관리 또한 실력이고 입시공부이다.

이것이 바로 명문대 합격을 위한 3단계 전략이다. 그 어떤 것도 소홀히 하지 않고 균형이 맞아야 한다. 하나라도 부족하면 최상위권 성적과 명문대 합격은 멀어진다. 반대로 이 3단계를 빠지지 않고 완벽하게 한다면 명문대 합격은 여러분의 것이다.

<입시공부 핵심 정리 노트>

명문대 합격을 위한 3단계 전략

1. 1단계 - 개념이해와 기초실력 향상(고1~고2 겨울방학)

- 교과서, 기본서와 독해집, 문제집을 활용해서 수능 전 과목에 대한 공부를 끝낸다.

2. 2단계 - 실전문제풀이와 분석(고3 3월~8월)

- 수능·모의고사 5개년 문제집 등으로 실전문제풀이와 분석, 부족한 개념보완을 한다.

3. 3단계 - 실전훈련(고3 9월~수능3일 전)

- 실제 수능·모의고사 문제집으로 '다양한 환경'을 만들고 '시간'을 재며 실전훈련을 한다. 시험 외적인 부분도 같이 준비하고 연습한다 (수면, 음식, 생리현상, 옷, 펜 등).

04 목표 관리가 명문대를 결정한다

"꿈을 꾸고 목표를 세우고

그것을 이루기 위해 매일 실천하고 확인하라!"

현대 경영학의 아버지 피터 드러커가 한 말이다. 이 이야기는 입시공부에도 그대로 적용이 된다. 명문대를 가기 위해서 수능, 내신 성적을 잘 받는 것도 중요하다. 하지만 책상에 앉아서 공부하는 것만으로는 절대로 명문대에 합격할 수 없다. 꿈과 목표를 이루기 위해서는 반드시 올바른 방향대로 가고 있는지 확인하고 관리해야 한다.

"원하는 것을 종이에 적고 상상하면 반드시 이루어진다."

나는 원하는 대학은 물론이고 합격한 후에 어떤 것을 하고 싶은 것까지 종이에 최대한 구체적으로 적었다. 목표는 반드시 '수치화'되어야 한다. 내신·수능 목표등급은 물론이고 해당 학기 중간고사 과목별 목표점수 및 등급까지! 목표를 세운 다음엔 이 목표를 달성하기 위해 필요한 것들을 뽑고 전략을 세웠다.

목표와 전략이 나오면 실천을 위한 계획을 세워야 한다. 보통 수험생들은 초등학교 때 만든 동그라미 계획표처럼 시간 중심으로 계획을 세운다. 이 계획표는 시간대마다 하는 일이 정해져 있다. 정해진 시간과 규칙성이 있어 보기에는 좋아 보인다. 하지만 이미 많은 사람들이 해봤듯이 이 계획표를 실천한다는 것은 거의 불가능하다. 변수를 전혀 고려하지 않기 때문이다. 8시에 일어나기로 계획했는데 1분이라도 늦게 일어난다면? 공부시간을 2시간 잡았는데 공부하는 부분이 어려워서 시간이 많이 늦어질 수도 있다. 시간 중심의 계획은 기계가 아닌 이상 실천하기 힘든 계획표다.

나 또한 중학교 때와 고등학교 1학년 때까지는 시간 중심으로 공부를 했었다. 아직도 집에 가면 내가 처음 공부할 때 썼던 다이어리가 있다. 공부의욕이 강했던 초반에는 시간별로 계획을 세우면 거의 다 지켰다. 하지만 고등학교 2학년부터 공부량이 많아지고 난이도도 어려워지다 보니 계획한 시간을 지켜서 공부를 하기가 상당히 어려웠다. 시간을 못 지켰다는 데서 받는 스트레스가 엄청났고 공부를 하다 보면 갑작스러운 변수도 많았다. 공부하기로 한 시간에 학교에서 행사를 한 적도 있고 친구들과 이야기하다가 공부시간을 넘긴 적도 있었다. 단순히 열정과 의욕만으로 실천할 수 있는 것이 아니었다.

실천 가능한 계획을 세우는 법

실천하기 위한 계획의 핵심은 큰 것부터 작은 것의 순으로 세우는 것이다. 입시기간 3년을 기준으로 "1년 – 학기 – 주 – 일"의 순서로 계획을 세운다. 3년 동안 해야 하는 공부를 기준으로 쪼개는 것이다. 여기서 포인트는 '월'이 아닌 '학기'라는 것이다. 학교의 커리큘럼이 '내신시험'을 중심으로 돌아가기 때문이다. 학기는 다시 중간고사, 기말고사로 나눌 수 있다.

계획은 시간이 아닌 분량 중심으로 세워야 한다. 과목, 교재, 공부량단원, 페이지 또는 지문 수을 최대한 구체적으로 적는다. 분량 중심으로 계획을 세운 이후로 나는 시간에 대한 스트레스를 거의 받지 않았다. 언제 공부하든, 여러 가지 변수가 있더라도 어떻게든 목표한 분량을 끝내면 되었다. '명확한 분량'이 있으니 공부에 대한 집중력도 급격히 상승되어 실천율도 자연스럽게 높아졌다.

이번 학기에 국어 독해집 1권을 끝낸다고 해보자. 분석해보니 해당 교재의 지문수가 144개다. 한 학기가 7주라고 가정하면 한주에 해야 하는 지문은 21개다. 이것을 다시 일 단위로 나누면 하루에 지문 3개라는 목표 공부량이 나온다. 그날 어떻게든 3개의 지문을 독해하면 되는 것이다. 만약 2개 지문밖에 못 했으면 다음날에 하든 주말에 하든 그 주 안에만 끝내면 된다.

계획의 실천율을 높이기 위해서 끝내지 못한 공부를 하는 날을 만드는 것도 중요하다. 공부를 하다 보면 여러 가지 변수로 그날 목표한 양을 못 하는 경우가 많이 생긴다. 계획의 궁극적인 목적은 실천이다. 그날 못 하더라도 그 주에라도 끝내면 그 계획은 성공한 계획이다. 이것을 대비해서 주말을 비워두는 것이다. 토요일이 힘들다면 최소한 일요일 하루는 비워야 한다. 그렇게 되면 계획 실천율이 높아지는 것은 물론이고 실천에 대한 스트레스도 줄어든다. 그날 못 해도 주말시간을 활용해서 끝내면 된다는 여유가 생긴다.

이때 주의할 것은 주말에 공부할 시간이 있다고 공부를 대충하면 안 된다는 것이다. 하루의 목표량을 달성하기 위해 집중해서 최선을 다해 공부를 해야 한다. 그럼에도 불구하고 못 했을 때를 대비해서 예비일로 주말을 비워둔다는 것을 명확하게 인지해야 한다.

공부량이 너무 많을 때는 그 주의 목표도 처리하지 못하는 날이 생긴다. 이를 위해 중간고사 또는 기말고사를 치고 난 후 일주일을 비워둔다. 이 기간에 각 주마다 처리하지 못한 공부들을 몰아서 하는 것이다. 밀린 공부를 처리할 수 있는 예비일을 만들어 놓으면 시간과 목표에 대한 스트레스는 줄이고 실천율은 높일 수 있는 공부를 할 수 있다.

계획의 실천보다 더 중요한 것은 피드백이다. 매일 또는 매주 목표량의 달성여부를 체크한다. 달성 못 한 부분, 밀린 부분에 대한 정확한 분석이 필요하다. 공부할 수 있는 시간에 비해 공부량을 너무 많이 잡았는지, 갑자기 컨디션이 안 좋아서 공부에 집중을 못했는지, 공부한 부분이 어려워서 공부하는 데 시간이 오래 걸렸는지, 친구와 얘기하다가 공부시간을 넘겼는지 등. 그래야 불필요한 딜레이를 막을 수 있고 실천율을 높이며 효율적으로 공부할 수 있다.

자기관리의 중요성과 그 방법

목표관리에는 자기관리도 반드시 포함되어야 한다. 아무리 목표, 전략과 계획을 완벽히 수립해도 자기관리가 안되면 무용지물이다. 아프면 공부 자체가 불가능하고 열심히 공부하다가 주위의 부정적인 말에 신경 쓰면 금방 무너진다. 이런 부분들을 통제하지 못하면 절대로 목표를 달성할 수 없다.

자기관리는 환경, 습관, 심리로 나눌 수 있다. 이 중에서 본인의 공부에 방해되는 부분들을 찾고 분석해서 해결책을 만들어야 한다. 환경은 공부를 둘러싼 모든 것이라고 볼 수 있다. 공부하는 장소, 컴퓨터, 휴대폰, 친구, 잠 등이 포함된다. 습관은 본인이 공부하는 데 안 좋은 습관들을 말한다. 다리를 떤다든지, 미루는 습관이 있다든지. 심리는 말 그대로 마인드 컨트롤이다. 자신감 부족, 스트레스, 불안감 등이 있을 수 있다.

나의 경우에는 휴대폰, 공부하는 장소, 친구가 공부에 방해되는 환경이었다. 휴대폰의 경우에는 현실적으로 끊는 게 쉽지 않다. 나는 학교에는 휴대폰을 들고 가지 않고 학교 끝나고 집에 와서 잠들기 전 30분 동안만 하기로 했다. 집에서 공부하면 집중도 안되고 공부에 방해되는 요소들컴퓨터, TV, 이불 등이 많다. 공부는 학교 자습실이나 도서관에서 주로 했고 집에서는 어설프게 공부하려고 하지 않고 계획정리나 간단한 복습만 했다.

나는 축구를 좋아했기 때문에 주변에 축구를 하자고 하는 친구들이 많았다. 내가 그 주에 해야 할 공부를 다 했을 때만 수락하고 그렇지 않을 때는 하고 싶어도 과감하고 정중하게 거절했다. 그리고 계획을 무리하게 세우는 습관이 나에게 있었다. '내가 할 수 있는 것보다 2/3정도로 세우고 주말은 반드시 비워둔다.'라고 해결책을 마련했다.

환경, 습관도 중요하지만 심리가 가장 중요하다. '모든 것은 마음가짐에 달려 있다.'라는 말처럼 마음가짐에 따라 성공과 실패가 결정된다. 입시공부를 하다 보면 원하는 대학을 갈 수 있을지에 대한 불안감도 있고 열심히 한 만큼 성적이 안 나올 때도 있다. 주위 사람들의 부정적인 말을 듣고 많이 흔들린다. 나는 '입시는 마지막까지 그 누구도 결과를 알 수 없다. 지금 걱정한다고 해결되는 것은 하나도 없다. 다른 사람들이 내 인생을 책임지지 않는다. 누가 뭐라고 하든 신경 쓰지 말고 이럴수록 오늘 내가 해야 하는 공부를 완벽하게 하는 데만 집중하자. 어차피 한 번뿐인 인생인데 되든 안되든 해보자!'라고 적었다.

이때 극단적으로 무조건 하지 않는 것을 해결책으로 세우는 것은 바람직하지 않다. 그것은 열정이 아니라 과욕이다. 우리가 산 속에서 공부하지 않는 이상은 스마트폰, 컴퓨터를 사용해야 하고 사람들과 어떻게든 부딪히게 되어 있다. 해결책은 최대한 구체적이고 현실적이며 실천이 가능하고 행동 중심으로 적어야 한다.

서울대 합격 발표 날까지 무수히 많은 힘들과 어려움이 있었다. 포기하고 싶은 마음이 없었다고 하면 거짓말이다. 하지만 나는 과목별 공부법대로 공부를 하며 목표관리까지 소홀히 하지 않고 철저히 했다. 그 결과 나는 마지막까지 포기하지 않고 잘 버텨냈고 원하는 목표를 달성했다. 책상에 앉아서 열심히 책 보며 공부하는 것이 명문대를 결정하는 것이 아니다. 명문대를 결정하는 것은 완벽한 목표관리다!

<입시공부 핵심 정리 노트>

시간 중심의 계획표 vs 목표, 분량 중심의 계획표

▲ 학습 플래너

실천 가능한 계획 세우는 법

1. 시간 중심인 아닌 목표와 분량 중심의 스터디 플랜을 마련한다.

2. 맞춤형 입시전략을 바탕으로 원하는 대학에 가기 위해 필요한 과목
   과 공부량을 파악한다.

3. 3단계 방법을 바탕으로 3년 - 1년 - 학기 - 주 - 일로 분량을 나눈다.

- 학교 수업, 혼자 공부할 수 있는 시간, 사교육 이용시간을 파악한다.

- 이때 학교스케줄, 개인사정 등으로 공부할 수 없는 날은 미리 체크한다.

4. 주말(토요일이 힘들면 일요일이라도), 내신시험이 끝난 후 1주, 방학을 비워둔다.

5. 그날 해야 하는 공부를 하고 다 못 했을 경우에는 그 다음날이나 주말에 할 수 있게 표시한다.

6. 해당 과목 공부가 끝났을 때나 하루 공부가 끝났을 때 반드시 공부일기를 쓰며 피드백 한다.

- 해당 과목, 개념, 지문을 공부하면서 느낀 점, 잘했던 점, 부족한 점을 최대한 자세하게 쓴다.

- 목표를 달성하지 못한 부분은 어떤 부분 때문이었는지 분석하고 정리해서 다음 공부에 반영한다.

05 학교 선생님을 활용해야 명문대 간다

교무실을 제집 드나들듯이 하라

"선생님들! 이번 주는 교무실이 보통 때와 달리 뭔가 허전한 느낌이 드네요?"

"이번 주 2학년들 수학여행 갔어요."

"아! 경모도 2학년이죠? 경모가 없으니 교무실이 조용하고 재미가 없네요."

내가 고등학교 3년 동안 유일하게 학교에 없었던 기간이 수학여행에 갔을 때였다. 나는 초등학교와 중학교 때는 축구를 했기에 수학여행을 가고 싶어도 못 갔다. 그러다가 지금으로부터 딱 10년 전, 고등학교 2학년 때 처음이자 마지막 수학여행을 갔다. 대부분 학교들은 제주도, 경주로 수학여행을 갔다. 그런데 우리 학교는 다른 학교들은 거의 가지 않았던 금강산으로 수학여행을 갔다.

수학여행을 갔던 시기가 중간고사 3주 전쯤이었다. 그 순간만큼은 공부를 내려놓고 평생 가슴에 남을, 즐겁고 행복한 여행을 했다. 이때 내가 학교에 없으니 교무실이 조용하다고 선생님들끼리 농담 삼아 얘기했다는 것을 들었다.

나는 처음 공부를 시작할 때부터 서울대학교에 합격할 때까지 교무실을 나의 집처럼 이용했다. 수업을 듣다가 모르는 것이 있으면 선생님께 바로 질문을 했다. 수업진도나 분위기상 질문을 하기 어려운 상황이면 표시를 해두었다가 쉬는 시간에 물어봤다. 평소 공부할 때도 이해가 안되거나 모르는 부분은 따로 표시를 하거나 질문노트를 따로 만들었다. 쉬는 시간, 점심시간, 야간 및 주말 자율학습 시간을 활용해 해당 과목 선생님께 찾아가 질문했다.

선생님들도 휴식이 필요하기에 시간표를 미리 파악했다. 다음 시간에 수업이 있으면 그 시간을 피해서 질문하러 갔다. 선생님들은 바쁜 일정에도 불구하고 친절하고 구체적으로 알려주었다. 학교 수업과 학교 선생님들께서 해결해줄 수 없는 부분들만 학원과 인강을 활용했다.

나는 학교 선생님들이 있었기에 성적 향상은 물론 입시에서 성공을 할 수 있었다고 확신한다. 학교 선생님은 학원, 인강 강사들과는 비교할 수 없을 정도로 가치가 높다. 학교 내신 시험의 출제자는 학원, 인강 강사, 수능출제위원도 아닌 바로 학교 선생님이다. 아무리 입시 전문가, 스타 강사라 하더라도 학교 내신시험을 완벽하게 예측하는 것은 불가능하다. 학교 내신시험의 비밀은 학교 수업에 있기 때문이다.

학교 선생님은 해당 과목에 대한 설명은 물론이고 수업시간에 내신시험의 정보들을 알려준다. 시험이 임박한 시점에는 시험에 나오는 부분을 직접적으로 알려줄 때도 있다. 개인적으로 가서 질문을 하면 수업에서도 얘기해주지 않는 시험정보들을 알려줄 때도 있다.

이유를 만들어서라도 학교 선생님을 존경하고 따르라

학생들이 학원, 인강을 선호하는 이유는 학교 선생님은 학원, 인강 강사들에 비해 재미는 물론 실력도 없다는 것이다. 내용을 전달하는 부분에 있어서는 학원, 인강 강사가 더 매력적이고 재미가 있을 수 있다.

하지만 학교 선생님들은 학원, 인강 강사에 뒤지지 않는 실력을 가지고 있다. 수험생들이 매일 보는 학교 선생님들은 수능과는 비교도 안되는 힘들고 어려운 임용고시를 통과한 사람들이다. 한번에 붙기 어려운 시험이기에 재수, 삼수를 해서 통과하는 경우가 대부분이다. 학교 선생님들은 국가에서 인정한 검증된 전문가들이다. 수험생들이 무시하고 함부로 대하고 학원, 강사와 비교하고 평가하기에는 아까울 정도의 능력을 가지고 있다.

학교 선생님들 중에는 교직생활을 하신 지 얼마 안 된 분들도 있다. 하지만 20~30년 하신 분들도 아주 많다. 한 분야에 20~30년 동안 몸 담았기에 많은 지식, 경험, 노하우들을 가지고 있다. 수험생들이 학원과 인강에 집중하느라 학교 수업을 열심히 듣지 않고 물어보지 않으니 그것을 풀어줄 수 없을 뿐이다.

학교 선생님들은 본인의 과목뿐만 아니라 입시 전반에 대해서도 잘 알고 있다. 학교 선생님들은 교과목 외에 다양한 역할들을 맡고 있고 입시, 진학에 대해서도 잘 안다. 나는 입시전형과 전략을 학교 선생님들로부터 거의 다 얻었다. 입시, 진학을 담당하는 선생님들이 복잡한 입시정보에 대해 쉽고 자세하게 설명해주셨다. 공부방법뿐만 아니라 매년 입시정보가 업데이트 될 때마다 정리해서 알려주셨다. 덕분에 나는 최소한의 비용과 시간으로 완벽한 입시전략을 수립할 수 있었다.

학교 선생님들은 공부를 넘어 심리적으로도 엄청난 도움을 주신다. 나는 입시공부를 하면서 힘들고 답답하고 포기하고 싶었던 적이 한두 번이 아니었다. 그렇다고 부모님이나 친구들한테 얘기 해봤자 신세한탄밖에 안되었다. 나는 학교 선생님에게 가서 나의 고민과 힘든 점들을 터놓고 얘기했다. 학교 선생님들은 진심으로 나의 얘기를 들어주고 고민을 이해해주셨다. 선생님들은 자신감과 희망을 심어주었음은 물론이고 올바른 해결책까지 제시해주셨다. 오랜 시간 학교에 있으면서 나 같은 학생들을 수없이 만났기에 이러한 상담이 가능했던 것이다.

입시에 필요한 학생부는 선생님이 쓴다

수험생들이 내신뿐만 아니라 입시에서 성공하기 위해서는 학교 선생님이 절대적으로 필요하다. 입시에서 성적만큼 중요한 부분이 학생부이다. 수시는 학생부가 절대적인 비중을 차지한다. 학교 선생님은 수험생들에 대한 정보들을 학생부에 입력한다. 만약 학생부에 '이 학생은 수업태도가 불량하며 선생들에게 예의가 없는 행동들을 자주한다.'는 내용이 있다면 서류는 물론이고 면접에서도 대학교수들에게 좋은 평가를 받기는 어렵다.

고등학교 3학년이 되니 신기한 현상을 보았다. 고등학교 2학년 때까지는 수업도 열심히 안 듣고 공부를 안 하던 학생들이 교무실에 자주 찾아오는 것이다. 고3 성적이 입시에 가장 큰 비중을 차지하니 모르는 것을 질문을 하러 오는 것이다.

질문보다 더 큰 이유는 추천서이다. 우리 학교는 90%가 수시로 대학을 진학했기에 선생님들의 추천서는 필수다. 평상시에는 수업도 열심히 듣지 않고 교무실 근처에도 오지 않던 학생들이 담당 선생님께 추천서를 부탁하기 위해 발등에 불이 떨어져서 온다.

평소에 적극적으로 수업에 참여하고 선생님을 존중한 학생들한테는 정성을 다해 추천서를 써줄 것이다. 수업시간에 매일 자고 다른 공부를 하고 예의 없게 행동한 학생들의 추천서는 선생님도 의무적으로 써주기는 할 것이다. 하지만 선생님도 사람이기에 이러한 학생들의 추천서는 제일 마지막에 써주고, 좋게 써줄 거라고 기대하기는 어렵다.

우리 학교 전교 1등은 2년 동안 활동을 한 것이 없었다. 자기소개서에 도저히 쓸 것이 없다보니 학교 선생님들이 도와주었다. 그런데 본인이 수시 1차에서부터 떨어질 것 같으니 원서를 넣자마자 서울대를 포기하고 수능 전에 공부도 제대로 안 했다. 그 친구는 서울대 외에 부산대도 지원했는데 수능 전에 부산대 수시 합격을 했다. 학교 선생님들은 그 학생을 서울대에 합격시키기 위해 다른 학생들보다 더 신경을 써주었음에도 전교 1등은 감사함을 잊어버린 것이다.

입시에 직접적인 영향을 주지 않는 학원, 인강 강사들에게 많은 시간, 돈, 에너지를 투자할 필요는 없다. 학원과 인강은 필요한 부분만 주체적이고 적극적으로 활용하기만 하면 된다. 학원, 인강에 더 많은 시간, 돈, 에너지를 투자할수록 성적 향상은 물론이고 입시성공과는 거리가 멀어진다. 반면에 학교 선생님들은 수험생들한테 개인적으로 돈을 받고 수업을 하는 게 아니다. 학교에서 수업을 듣고 모르는 부분을 바로 질문할 수 있기에 낭비되는 시간도 없다.

입시에서 학교 선생님들의 영향력은 절대적이다. 학교 수업은 그 무엇보다 중요하기에 열정적으로 듣고 학교 선생님들을 존중해야 한다. 오히려 수험생들이 학교 선생님들에게 잘 봐달라고 부탁을 해도 부족하다. 어떠한 돈도 들이지 않고, 시간도 아끼는 최고의 방법은 학교 선생님을 활용하는 것이다. 학교 선생님을 잘 활용해야 명문대에 합격한다!

06 해야 하는 공부 VS 하고 싶은 공부

나는 제일 하기 싫은 과목들을 더 열심히 했다

나는 고등학교 1학년 때 수학울렁증이 생겼다. 시험만 시작하면 첫 문제를 풀 때부터 심장부터 손까지 떨렸다. 첫 페이지는 단순 계산문제들만 나오는데도 실수를 한 적이 많았다. 시험 치는 중간에는 그나마 안정이 되었고 문제를 잘 풀었다고 생각할 때도 있었다. 하지만 막상 결과를 보면 틀린 부분들이 많이 있었다. 사소한 계산실수로 틀린 것만 해도 한두 번이 아니었다.

고등학교 2학년 때는 내신 문제가 문제 수, 난이도, 유형은 물론이고 시험시간까지 모의고사와 똑같이 바뀌었고 시험범위는 누적이 되었다.

안 그래도 어렵고 힘든 수학인데 난이도는 더 어려워지고 양은 감당하기 힘들 만큼 많았다. 나는 수학 때문에 3주 정도 우울증, 불안증까지 왔다.

그럼에도 불구하고 나는 수학에 가장 많은 시간과 노력을 투자했다. 왜 그랬을까? 입시전략에 근거했을 때 수능이든 내신이든 수학의 반영비율이 가장 높기 때문이다. 서울대에 합격하려면 수학을 제일 잘해야 했다. 그랬기 때문에 나는 수학으로 우울증까지 올 만큼 힘들었음에도 그 어떤 공부보다 수학공부를 열심히 했다. 수학을 포기한다는 것은 서울대를 포기하는 것과 같은 의미였다.

수학 하나 때문에 내 인생과 꿈을 포기할 수 없었다. 나는 수학에 대한 두려움과 울렁증을 피하지 않고 당연하다는 것으로 받아들였다. 모든 것을 비우고 못한다는 것을 인정하고 기초적인 개념부터 다시 공부했다. 개념공부를 하고 쉬운 문제부터 풀어가며 자신감을 조금씩 길러나갔다. 모르면 학교 선생님에게 적극적으로 물어봤다. 입시공부하면서 수학선생님들에게 가장 많이 찾아갔다. 수학선생님들은 나한테 많은 것을 알려주시고 동기부여도 많이 해주셨다. 기초공부가 끝나면 다양한 문제들을 풀고 분석하고 부족한 부분들을 보완했다.

수학 울렁증을 극복하고 자신감 회복을 위해 교내에서 하는 수학경시대회까지 나갔다. 수학을 피하지 않고 정면 승부한 결과 나는 수학에 대한 두려움과 울렁증을 극복했다. 수학경시대회에서 2등을 수상하고 모의고사 성적도 향상되고 서울대 합격할 수 있을 만큼의 내신 성적을 받았다.

남들은 주요과목만 공부할 때 나는 전 과목을 공부해야 했다. 국어, 영어, 수학, 탐구는 물론이고 일본어, 컴퓨터, 기술가정, 한문과 체육, 음악, 미술까지! 서울대는 내신을 전 과목 반영했기 때문이다. 연세대, 고려대도 내신은 주요과목만 반영했다. 주요과목 1등급을 받아도 나머지 과목에서 성적을 못 받으면 전체 등급이 떨어졌다. 나는 주요과목은 물론이고 나머지 과목들 수업도 똑같이 열심히 들었다. 주요과목과 마찬가지로 핵심내용 필기하고 선생님들께 모르는 것들을 다 물어봤다. 내신시험기간에는 이 과목들의 성적도 최상으로 받기 위해 열심히 정리하고 암기했다.

다른 과목들은 노력만큼 나왔는데 일본어는 제2외국어다 보니 성적이 잘 나오지 않았다. 우리 학교 친구들 중 일본어만 잘하는 학생들이 4~5명 정도 있었다. 일본어과를 목표로 하는 친구들이라 토익 수준으로 일본어를 공부했다. 이 친구들이 1등급을 다 가져갔다.

그렇다고 일본어를 포기할 수 없었다. 나는 일본어를 정복하기로 결단했다. 일본어 선생님은 학교에서 호랑이 선생님으로 유명했다. 일본어 선생님 수업시간에는 그 누구도 졸거나 수업을 열심히 듣지 않는 것은 용납이 안되었다. 나는 이것을 역으로 활용하기로 했다.

일본어 선생님은 무서운 만큼 수업도 재밌고 이해하기 쉽게 잘 해주었다. 일본어 수업시간에 누구보다 열심히 듣고 필기하고 따라 말하고 과제도 열심히 했다. 선생님은 호랑이라는 별명이 있었지만 무서워하지 않고 모르는 것이 있으면 개인적으로 물어봤다. 그러니 선생님께서는 나를 좋게 봐주고 다른 선생님들에게도 열심히 한다고 칭찬까지 해주었다.

일본어 잘하는 친구들한테도 일본어 잘하는 방법이나 모르는 부분이 있으면 자존심을 다 내려놓고 물어봤다. 나는 일본어를 공부한 2년 동안 목표한 1등급은 받지 못했다. 아무리 공부해도 일본어를 원어민처럼 사용하고 토익 수준으로 공부하는 친구들을 이길 수는 없었다. 그래도 이렇게 노력한 덕분에 2등급을 받을 수 있었다.

수학만큼 내가 싫어했던 과목이 미술이었다. 중학교 때부터 미술은 감당이 안되는 과목이었다. 수학은 어떻게든 공부하면 되었지만 미술은 노력의 문제가 아니었다. 미술에 대한 감각이 있는 친구들은 금방 잘했지만 나는 그러지 못했다. 나는 축구선수를 해서 발은 기가 막히게 썼지만 손을 이용하는 것은 최악이었다. 미술선생님들조차 나를 포기할 정도였고 고등학교 때 미술실기 성적은 항상 전교 꼴찌였다.

예체능도 입시에 반영하기에 점수를 어느 정도 잘 받아야 했다. 다행히 예체능은 일반과목과는 다르게 기준 점수만 넘으면 되었다. 기준점수가 70점이면 100점을 받으나 70점을 받으나 똑같이 합격이다. 실기성적이 꼴찌였기에 나는 필기에 모든 것을 걸어야 했다. 다른 친구들은 미술성적이 아무런 의미가 없었기에 필기수업을 듣지 않았다.

하지만 나는 필기수업을 할 때는 그 누구보다 열심히 들었다. 시험기간 때도 체육, 음악과 함께 미술 필기공부 시간도 따로 내서 공부했다. 그 결과 나는 아슬아슬하게 기준점수를 넘어서 예체능도 합격조건을 맞출 수 있었다.

나는 고3 때 사회과목만 6과목을 공부했다

내신공부도 전 과목을 해야 해서 힘들었는데 수능은 더 힘들었다. 지금은 한국사가 수험생 전체 공통과목이다. 하지만 내가 입시를 할 때만 해도 서울대학교만 한국사가 필수였다. 내신과 마찬가지로 연·고대에서는 한국사를 보지 않았다. 한국사는 분량도 제일 많고 그만큼 난이도도 어렵다. 그렇기에 다른 학교를 지원하는 학생들은 굳이 한국사를 선택하지 않았다. 국사교육과나 역사학과를 지원하는 학생들 정도만 한국사를 선택했다.

다른 학교들은 탐구과목을 최소 2과목에서 최대 4과목을 응시하되 그 중에서 잘나온 2과목을 반영했다. 수험생들은 자신이 부담이 되면 2과목만 봐도 되는 것이었다. 하지만 서울대학교는 상위 2과목만 성적에 반영하는 것은 같았지만 반드시 4과목을 응시를 하는 것이 조건이었다. 나는 한국사, 한국 근현대사, 법과사회, 윤리를 선택했다.

한국사 공부는 1학년 때 학교 수업에서 한 것이 전부였다. 2학년 때 주말과 방학 때 인강을 활용해서 수능 국사 개념을 공부했다. 한국 근현대사와 법과사회는 2학년 때 학교 수업을 해서 개념을 공부하는 데 어려움이 없었다. 윤리의 경우에는 3학년 때 학교 수업에 있었다. 나는 고등학교 2학년 겨울방학 때 인강을 활용해서 미리 개념공부를 끝내려고 했다. 하지만 입학담당이셨던 윤리 선생님은 윤리는 학교 수업에서 개념과 수능실전문제를 동시에 하니 수업만 열심히 따라오면 된다고 했다. 그 시간에 다른 과목 공부를 하라고 조언해주었다.

고3 때 사회탐구만 6과목을 공부했다. 고3 때 배우는 사회과목이 윤리, 사회문화, 한국지리였다. 평소에는 한국사, 근현대사, 법과사회, 윤리를 하면서 내신 기간 때는 사회문화, 한국지리 공부도 같이 해야 했다. 비중이 높은 수학, 국어, 영어 공부하기도 바쁜데 내신과 수능 사회과목을 다하느라 정말 무지막지하게 힘들었다. 인간의 한계에 도전하는 느낌이었다.

나는 수학만 공부하는 것만으로도 힘들고 공부할 것이 많았다. 그럼에도 수능에 선택하지 않은 사회탐구 과목을 내신 때문에 공부했다. 심지어 고3 내신에는 문과 수업임에도 생물수업까지 있었는데 생물수업은 나 혼자만 들었다. 고3 때 공부한 과목만 해도 총 15과목이나 되었다. 그럼에도 불구하고 내가 다 참고 공부한 것은 오직 내가 원하는 목표, 서울대 합격을 위해서였다. 서울대 합격을 위해서 안 하면 안되기에 하기 싫어도 참고, 없는 시간을 쪼개가며 공부했다. 이렇게 나는 내신과 수능을 동시에 잡을 수 있었다.

하고 싶은 공부는 없다, 해야 하는 공부만 있을 뿐!

대한민국 최고의 농구선수였고 지금은 방송인으로 활동 중인 서장훈은 SBS 〈힐링캠프〉에 나와서 이렇게 얘기를 했다.

"그냥 즐겨서는 최고의 결과를 얻을 수 없어요. 저는 단 한 번도 농구를 즐겨본 적이 없어요. 최고의 결과를 위해서 전쟁이라 생각하며 필사의 노력을 다했습니다."

입시공부는 인생을 걸고 하는 것이다. 원하는 목표를 이루기 위해서라면 하기 싫어도 참고 해야 하는 것이다. 하고 싶으면 하고, 하기 싫으면 안 하는 레크리에이션이 아니다. 입시공부보다 재밌고 즐거운 공부는 다른 곳에 찾아보면 많이 있다. 입시에서 하고 싶은 공부는 없다. 오직 해야 하는 공부만 있다.

07 공부하는 순서에도 전략이 있다

아침에 일어나서 책상에 앉아 공부하기 전까지

지금 입시에서의 공부는 책상에 앉아서 공부하는 그 이상이다. 책상에 앉아서 공부하는 것으로 내신, 모의고사 성적을 올릴 수는 있다. 하지만 그것만으로는 원하는 대학에 가지 못한다. 꿈, 목표 대학과 학과, 입시전략, 계획, 시간 관리, 자기관리도 입시공부에 포함된다. 공부의 범위가 넓어진 만큼 공부하는 순서도 과목별 공부만 생각해서는 안 된다. 전체적인 관점에서 입시를 바라보며 공부하는 순서도 전략적으로 세워 자신만의 루틴을 만들어야 한다.

입시공부는 아침에 일어나는 순간부터 시작된다. 등교해서 책상에 앉아 책을 펴는 것이 시작이 아니다. 일어나서 책상에 앉는 순간까지 최상의 공부 상태를 만들어야 한다. 피곤한 상태에서 겨우 일어나 제대로 씻지도 못하고 밥도 안 챙겨먹고 학교 가는 습관을 이제 버려야 한다.

눈뜨는 순간 고민 없이 이불을 박차고 일어나야 한다. 나는 아침에 일어나 집 앞 운동장에 가서 운동을 했다. 운동장을 몇 바퀴 돌고 푸시업, 복근운동, 스쿼트 등을 했다. 주말에는 조기회에 나가서 축구를 했다. 땀흘리는 운동을 하면 몸, 마음, 정신이 맑아지고 에너지가 생긴다. 운동하고 집에 와서는 개운하게 샤워를 하고 든든하게 아침식사를 한다. 어떤 일을 하든 건강이 제일 중요하다. 하루 종일 책상에 앉아서 공부하는 입시생들에게 건강관리는 선택이 아닌 필수다. 밥을 다 먹고 나면 교복을 입고 전날에 미리 준비해 놓은 가방을 챙겨 자전거를 타고 등교한다.

학교에 도착하면 보통 7시 반쯤 된다. 수업시간이 9시쯤인데 8시부터 1시간 동안 보충수업 또는 자율학습을 한다. 나는 학교에 도착하자마자 다른 친구들처럼 바로 책을 펴고 공부를 하지 않았다. 꿈, 목표와 버킷리스트를 보면서 그것을 이룬 나의 모습을 생생하게 상상했다. 서울대 합격을 했을 때의 모습과 그때의 감정들을 떠올릴 때마다 가슴이 설레고 행복했다. 서울대에 합격하고 나서 하고 싶은 것들도 같이 상상했다. 합격 플랜카드가 걸리고 졸업식 때 많은 사람들의 축하를 받고 각종 상을 타는 모습, 합격기념 장학금을 받는 모습, 대학교에 가서 하고 싶은 것들을 마음껏 하고, 자유롭게 여행을 다니고, 밤새 놀기도 하는 모습 등을 상상하니 강한 에너지와 동기부여가 생겼다.

시각화와 상상을 한 후에는 좌우명과 각오들을 보았다. 나는 공부할 때 힘들고 포기하는 마음이 생길 때를 대비해서 나만의 좌우명과 각오를 만들었다. 주변의 부정적인 말이나 주변 사람들의 성적 향상 등에 흔들리지 않기 위해서! 좌우명과 각오를 보면 목숨 걸고 공부를 해야겠다는 독기가 생겼다.

이후에는 플래너를 보며 그날의 스케줄^{수업, 행사 등}, 스스로 공부할 수 있는 시간부터 확인했다. 그리고 그날 해야 할 공부의 과목, 교재, 분량을 확인하며 언제, 어떤 공부를 할지 확인했다. 그러고 나서 그날의 공부를 완벽하게 달성하고 맘 편히 잠드는 나의 모습까지 상상한다. 이렇게 나는 서울대 합격을 위한 소중한 하루를 마인드, 태도와 전략부터 다르게 준비했다.

수학과 탐구보다 국어와 영어를 먼저 해치워라

공부는 입시전략과 과목별 핵심공부법을 확인하는 것부터 시작했다. 이것들을 확인하지 않고 공부하면 예전의 모습으로 돌아가게 된다. 노력보다 중요한 것은 선택과 방향이다. 입시전략과 핵심공부법부터 확인해서 잘못된 방향이 아닌 올바른 방향을 잡고 공부를 시작하는 것이 너무나도 중요하다.

　국어와 영어 지문독해부터 공부를 시작했다. 국어와 영어는 운동하는 것처럼 하루에 많은 양을 하는 것보다 적은양이라도 매일 꾸준히 하는 것이 중요하다. 나는 1,2학년 때는 하루에 3~5지문 정도, 고3 때는 5~10지문 정도 독해를 했다. 아침에 정 공부가 안 될 때는 동기부여 독서, 영어단어, 영어듣기, 칼럼 읽고 요약정리 같이 가볍고 쉬운 것부터 했다.

　국어와 영어 지문독해를 먼저 하는 데는 전략적인 이유가 있다. 국어, 영어공부로 하루를 시작하면 그날 목표를 반 정도 달성했다는 성취감이 생긴다. 마음의 부담 없이 수학과 탐구공부에 더 집중할 수 있다. 그리고 국어와 영어 독해는 수학과 탐구에 비해 공부하는 데 걸리는 시간이 상대적으로 짧다. 하루에 공부할 양도 수학, 탐구보다 적고 더 명확하다.

　수학과 탐구를 먼저 공부하면 해야 할 공부를 다 못 끝낼 가능성이 크다. 개념이해나 문제풀이를 할 때 예상치 못한 부분에서 시간이 많이 걸릴 때가 많다. 그러면 국어, 영어 공부도 못할 경우가 생긴다. 그날의 목표량을 하나도 제대로 못 하는 경우가 생길 수 있는 것이다. 수학, 탐구는 못한 것이 있어서 주말로 미루어도 큰 문제가 없다. 하지만 국어와 영어는 감각이고 훈련이라 하루라도 빠트리면 금방 실력이 줄어든다.

하루 시간 쪼개기 – 플래너 활용

9시부터 4~5시까지는 학교 수업시간이다. 학교 수업이 제일 중요하기에 수업시간에 초집중했다. 수업 사이에 있는 10분의 쉬는 시간과 점심시간을 적극 활용했다. 이때는 모르는 부분을 선생님께 질문하거나 다음과목을 예습했다. 수업내용 복습, 지문독해나 영어단어를 외우기도 했

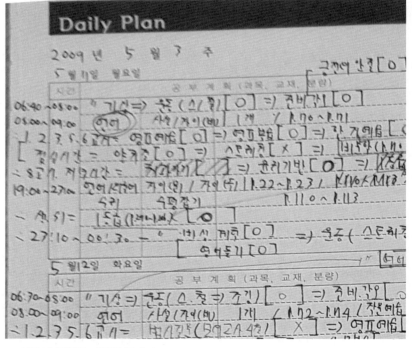

▲ 시간이 꼼꼼히 기록된 플래너

다. 긴 시간이 아니기에 많은 것을 하려고 하기보다 집중적으로 할 수 있는 것을 했다. 너무 피곤할 때는 쪽잠을 자며 에너지를 충전했다.

4~5시에 수업이 끝나면 야간 자율학습이 시작되는 7시까지 시간이 빈다. 5시부터 6시까지 보충수업을 할 때도 있었고 보충수업을 하지 않을 때는 자습을 했다. 지문독해, 과제, 복습 등을 주로 했다. 6시쯤 저녁을 먹고 나서 7시까지는 가볍게 운동하거나 푹 잤다. 가장 소중한 시간인 스스로 공부하는 시간에 집중해야 하기 때문이다. 학교에서는 저녁 7~11시까지 자율학습을 했다.

이 시간에 그날 해야 할 국어와 영어 지문독해가 아직 남아 있다면 먼저 끝냈다. 이미 다 끝낸 상태라면 수학, 탐구과목 복습을 했다. 수업 때 배운 내용을 다시 내 것으로 완벽하게 만들었다. 하나의 개념을 이해하고 정리하는 데는 많은 시간이 필요하다. 보통 야간 자율학습 시간이면 다 하거나 가끔은 그 시간에도 못할 때도 있다. 복습하고 시간이 남으면 수학 심화문제를 주로 풀고 분석했다.

11시에 야간 자율학습이 끝나고 집에 가서 씻고 하다 보면 11시 반~12시가 된다. 집에 올 때는 플래너만 가져오고 책은 집에 가져오지 않는다. 고2 1학기 때까지는 새벽 늦게까지 공부한 적도 있었다. 하지만 하루 종일 공부하고 새벽까지 공부해봤자 몸이 피곤해서 집중도 안되었다. 피곤하기만 하고 다음날 수업과 자습시간에 졸았다. 어설프게 1~2시간 공부를 더 하기보다 빨리 자고 다음날 맑은 정신 상태에서 공부하는 게 훨씬 효율적이었다.

　취침 전에는 플래너를 보며 하루 공부에 대해 피드백을 했다. 그날 목표한 부분 중에서 달성하지 못한 부분을 다양한 관점에서 분석했다. 분석한 결과를 바탕으로 다음날에는 같은 실수를 반복하지 않도록 반영했다. 그날 달성하지 못한 부분은 그 주 스케줄을 보고 할 수 있는 날로 조정했다. 다음날에 바로 할 수 있으면 하고 정 안되면 주말로 미루었다. 계획뿐만 아니라 과목별 피드백도 했다. 그날 공부한 과목들을 떠올리며 어떤 부분을 잘했고, 부족했는지를 구체적으로 점검했다. 과목별 피드백을 해야 부족한 부분을 잊지 않고 다음 공부할 때 신경 쓰면서 공부를 하게 되어 내 실력이 늘 수 있었다.

　계획과 과목에 대한 피드백이 끝이 나면 다음날 계획을 세웠다. 다음날 학교스케줄과 스스로 공부할 수 있는 시간을 체크했다. 과목, 교재, 분량을 최대한 구체적으로 정리하며 다음날을 준비했다. 계획정리가 끝나면 꿈, 목표, 버킷리스트를 보면서 이미 이루어진 모습들을 상상하며 잠에 들었다. 시각화와 상상은 아침에 일어나자마자, 밤에 잠들기 전에 할 때가 가장 효과적이다.

주말의 경우는 학교 수업만 없을 뿐 평일과 똑같이 생활했다. 학교 수업 하는 시간 때 그 주에 밀려있던 딜레이를 처리했다. 딜레이 처리가 끝나고 시간이 남으면 실력을 쌓는 공부를 했다. 지문독해, 영어듣기, 문제풀이와 분석 등! 고2 때는 한국사 같이 미리 개념을 끝내야 하는 과목들을 인강을 들으며 미리 공부했다.

과목별 공부만 순서만 있는 것이 아니다. 입시공부에서 과목공부는 일부라는 것을 항상 기억해야 한다. 국가대표는 운동장에서 하는 훈련은 물론이고 잠자고 밥먹고 쉬는 것까지도 훈련의 일부로 여긴다. 우리도 국가대표들과 마찬가지로 이런 부분까지 생각하며 공부하는 순서를 정하고 전략적으로 공부해야 한다. 이것이 바로 아마추어와 프로, 일반학생과 서울대생의 차이다!

<입시공부 핵심 정리 노트>

서울대 합격생이 알려주는 성공적 하루

1. 건강관리 – 운동, 샤워, 식사

2. 시각화와 상상

– 아침에 일어나서, 그리고 자기 전에도 꿈, 버킷리스트, 목표를 보며
  이미 이루어진 모습을 상상한다.

3. 마인드 컨트롤

– 자신만의 각오와 좌우명을 보며 공부의지를 다진다.

4. 입시전략과 계획 확인

– 올바른 방향설정, 학교스케줄과 혼자 공부할 수 있는 시간 확인, 그
  날 해야 할 공부량 점검

5. 과목별 공부법 점검

– 국어, 영어 지문독해부터 한 후 수학과 탐구과목 공부

6. 학교 수업에 집중하고 예—수—복 사이클대로 공부하기

7. 자투리 시간 철저히 활용 – 쉬는 시간, 점심시간, 저녁시간 등

– 모르는 것 질문, 예·복습, 영어단어 암기, 지문독해, 운동, 독서, 쪽 잠 등

8. 하루 점검

– 과목별 공부일기, 계획을 실천하지 못한 부분 분석, 다음날 공부 계 획 수립

9. 주말

– 주중에 못했던 공부하기, 실력 쌓기 위한 공부하기(지문독해, 문제 풀이)

08 서울대 합격생의 필승 시험전략

고등학교에서는 왜 벼락치기 공부가 통하지 않을까?

평소에 공부를 열심히 하고 문제를 잘 푼다고 하더라도 시험에서 발휘하지 못하면 의미가 없다. 평소에만 잘하는 것은 진짜 실력이라고 할 수 없다. 시험은 부정행위를 하지 않는 범위 내에서 수단과 방법을 가리지 않고 점수를 잘 받는 것이 목표다. 막무가내로 준비하고 시험장에 들어가서는 절대로 좋은 성적을 받을 수가 없다. 시험에서 최고의 점수를 얻기 위한 전략이 반드시 있어야 한다.

수험생들의 대부분은 벼락치기로 내신공부를 한다. 하지만 내신공부를 벼락치기로 공부하다가는 진짜 벼락을 맞는다. 나는 이미 벼락을 맞은 학생들을 수십 명을 봤다. 벼락치기 공부방식은 중학교 때까지는 가능한 방법이다. 중학교 시험 유형이 암기와 단순 문제풀이 중심이기 때문이다.

고등학교 공부는 벼락치기가 불가능한 수준이다. 내신이기에 학생들의 수준과 평균 점수를 고려해서 단순암기나 기본적인 문제들도 나오긴 한다. 그런 문제들은 벼락치기 방식의 공부로 가능하다. 하지만 이제 내신시험에도 수능, 모의고사와 유사한 문제들이 많이 출제된다. 국어, 영어는 교과서 외에 새로운 지문이 나오고 수학, 탐구도 전혀 새로운 유형의 문제와 자료들이 나온다. 이러한 문제들은 벼락치기 방식으로는 절대로 풀 수가 없다. 중요한 건 내신시험의 성패는 바로 이 문제들에서 갈린다는 것이다.

수능을 잘 보기 위해서도 내신공부는 필수다

내신 성적은 시험기간이 아니라 평소 공부에서 결판이 난다. 나를 포함한 서울대생들은 시간이 많은 평소에 학교공부를 예습—수업—복습 사이클로 제대로 공부한다. 이때는 암기보다 이해 중심으로 공부를 한다. 시험 3~4주 전에 배운 내용들을 정리, 확인하고 다양한 문제들을 반복해서 풀고 사소한 부분들을 암기한다.

평소에 이해 중심으로 공부했기에 암기와 문제풀이가 더 잘 된다. 평소에 학교공부와 함께 수능공부도 같이 하기에 새로운 유형의 지문과 문제가 나와도 끄떡없다. 시간이 지나고 시험범위가 누적될수록 더욱 강해졌다. 평소에 혼자 공부하는 시간을 확보하는 것이 가장 중요한 이유이기도 하다.

내신공부는 수능에도 엄청난 도움이 된다. 수능에서도 구체적인 부분에 대한 암기가 반드시 필요하다. 우리가 평소에 이해를 하는 이유도 결국엔 암기를 잘하기 위해서다. 평소에는 이해하고 정리하고 암기하려고 해도 잘 안된다. 이해하는 시간이 오래 걸리는 것도 있지만 평소에는 단기적이고 집중적인 목표가 없다. 하지만 내신시험기간에는 단기목표가 있으니 집중력이 상승한다. 수능공부 한다는 마음으로 내신공부를 하니 암기와 문제풀이가 더 잘 되었다. 이제는 예전처럼 수능공부와 내신공부가 별도의 시험이 아니다. 이것을 아는 것이 수험생들에게 너무나도 중요하다.

내신 계획 및 전략 수립법

① 시험과 나를 분석하기

내신은 시험기간 4주나 최소 3주 전부터 준비하면 된다. 시험계획을 세우기 전에 시험과 본인에 대한 분석이 필요하다. 우선 이전 시험지를 보며 해당 과목 선생님의 출제유형을 파악해야 한다. 같은 과목이라도 선생님 성향에 따라 시험문제가 다르게 출제된다. 어떤 유형의 문제를 주로 출제하는지, 어떤 부분에서 많이 내는지, 시험 난이도는 어떤지, 사소한 부분까지 꼼꼼하게 내는지 등을 분석하고 정리를 해야 한다.

시험유형에 대한 분석이 끝났으면 스스로에 대한 분석을 한다. 과목별로 본인이 지난 시험에 잘 한 것과 부족했던 점을 구체적으로 정리해야 한다. 분석은 시험 자체뿐만 아니라 평소 공부, 시험을 준비하는 과정까지 다 포함한다. 분석이 되면 이번 시험에는 어떻게 보완할지까지 해결책을 마련한다.

② 과목과 시험범위, 우선순위 정하기

시험과 나에 대한 분석이 끝나면 시험계획을 수립한다. 과목과 시험범위를 정리하는 것이 우선인데 시험범위는 학교 선생님이 수업시간 때 알려준다. 시험범위가 나왔으면 다음으로 우선순위를 정한다. 과목별 우선순위는 '단위 수, 본인의 입시전략'을 종합해서 정한다. 단위 수는 과목의 일주일에 있는 수업의 수로 단위 수가 높을수록 중요한 과목이라는 뜻이다. 국어, 영어, 수학이 해당한다. 입시전략을 통해서 본인이 가장 중요도를 가지고 공부해야 하는 과목이 보일 것이다. 단위 수와 입시전략을 종합해서 과목별로 우선순위를 정한다.

우선순위까지 수립되면 구체적인 시험 계획을 세운다. 내신시험을 3주 전부터 준비한다고 해보자. 3주 전에는 우선순위 1~3위 공부를 배치한다. 보통 국, 영, 수가 해당된다. 2주 전에는 1주 전에 다 못한 1~3위 과목과 4~6순위가 들어간다. 1주 전에는 1~6순위 중 부족한 부분을 계획에 넣는다. 7~10순위의 과목들은 1주 전까지 공부를 할 필요는 없다. 1~6순위가 내신 반영비율이 제일 높다.

③ 시험 날과 과목에 따라 배치하기

중요한 것은 시험 4일 전이다. 이때는 시험 날을 기준으로 데칼코마니 방식으로 과목을 배치한다. 시험시작일 전날에는 바로 그 다음날 과목들, 시험 둘째 날 과목은 시험시작일 기준으로 이틀 전에, 셋째 날 과목은 3일 전에, 시험 마지막 날은 4일 전이 된다. 이렇게 하는 이유는 암기의 연속성 때문이다.

마지막 날 시험과목은 가장 멀리 떨어져 있지만 3일째 시험을 보고 나서 전날에 또 공부를 한다. 이렇게 시험과목을 배치하면 시험내용을 최대한 많이 볼 수 있다. 7~10순위 과목들도 최소 2번을 볼 수 있는 시간이 생긴다. 대신 시험 첫날에 수학, 영어같이 중요한 과목이 있으면 시험 전 공부하는 시간을 이틀 잡아야 한다. 시험 첫날이고 주요 과목인 만큼 많은 시간을 투자하며 신경을 써야 하기 때문이다.

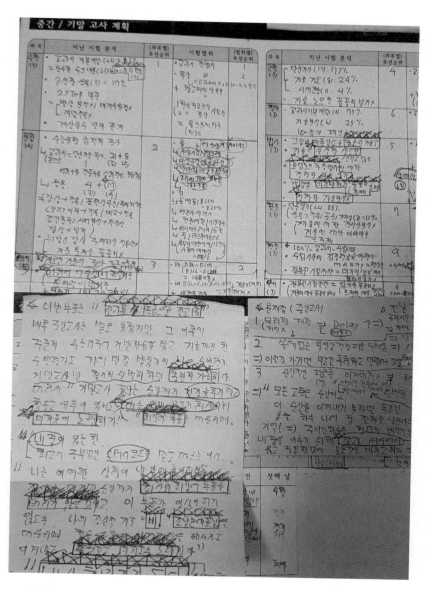

▲ 내신을 준비하며 플래너와 목표 등을 작성한 메모

3장_입시공부법의 핵심은 전략 수립부터다

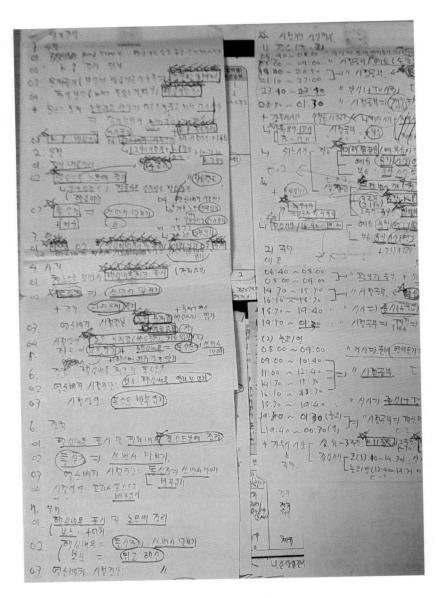

▲ 포스트잇을 이용해 내신 계획을 세우고 점검한 자료

과목별 암기 핵심포인트

전략과 계획이 완벽하게 수립되면 이때부터 공부를 시작한다. 내신 시험의 핵심은 '암기, 문제풀이'다. 내신기간에 평소처럼 이해하거나 개념 공부를 하고 있으면 안된다. 내신기간 만큼은 평소에 하던 이해방식을 접어두고 시험에 나오는 부분을 꼼꼼하게 외우고 최대한 많은 문제를 풀어야 한다.

암기도 무작정 하는 것이 아니라 과목별로 암기포인트가 있다. 국어와 영어는 교과서나 보충교재 지문에 대해서 완벽하게 숙지해야 한다. 지문 내용은 물론이고 주요 단어, 문법, 배경지식 등을 정리하고 외워야 한다. 수학은 다양한 문제들을 풀고 분석하고 문제의 유형별 풀이법을 정리하고 외워야 한다. 해당 문제와 관련된 핵심개념 및 포인트를 바로 발상할 수 있게끔 연습하고 정리해야 한다. 탐구는 교과서, 노트, 부교재 등을 보며 사소한 부분까지 꼼꼼히 암기해야 한다. 내용뿐만 아니라 개념과 관련된 자료, 지문들도 같이 공부해야 한다.

내신기간 때 수능, 모의고사 문제도 같이 대비해야 한다. 많은 양이 아니더라도 국어, 영어는 최소 2지문 정도는 지문독해 공부를 한다. 수학은 시험범위 외의 다양한 응용문제들도 풀어봐야 한다. 탐구도 개념만 안다고 문제를 못 푸는 경우가 있으니 관련 문제들도 같이 풀어줘야 한다. 시험공부를 하면서 본인이 시험 때 문제를 풀 전략도 같이 수립한다. 문제 푸는 순서나 모르거나 헷갈리는 부분이 나왔을 때 어떻게 대처할 것인지까지 준비해야 한다.

시험 당일에는 핵심이 정리된 노트만 가지고 간다. 시험이 시작되기 전까지 계속해서 반복해서 보고 마지막까지 암기한다. 시험지와 OMR 카드를 받으면 OMR 카드부터 빨리 작성한다. 시험 칠 때 중요한 것은 최대한 빠르게 1번부터 마지막 문제를 푸는 것이다. 한 문제 한 문제 정확하게 풀되 모르는 것이 있으면 고민하지 말고 표시하고 빨리 넘어가야 한다. 본인이 맞힐 수 있는 문제부터 잡아야 한다.

문제를 끝까지 다 봤다면 1번으로 다시 돌아가서 확실히 아는 문제부터 다시 보며 정답을 확인하고 그 문제들은 OMR에 체크한다. 그러고 나서 남는 시간에 애매하거나 모르는 문제에 집중한다. 웬만한 문제들은 다시 꼼꼼히 보고 고민하면 답이 나온다. 그럼에도 불구하고 답이 안 나오는 문제는 과감하게 찍는다.

시험보다 중요한 것이 피드백이다

시험보다 중요한 것은 시험 이후의 피드백이다. 다음 시험을 더 잘 대비하기 위해서다. 시험 자체에 대한 분석시험유형, 나왔던 부분, 선생님 성향, 난이도 등과 본인 분석틀리거나 시험을 잘 못 본 이유 - 암기, 문제풀이, 개념발상, 실력부족, 시간관리, 시험기술 등을 하고 한 눈에 보이게 정리해야 한다. 앞으로의 공부에 적극적으로 반영하고 다음 시험 전에 이것을 보며 전략과 계획을 세운다. 시험에 대한 분석은 빠르면 시험 끝난 날, 늦어도 해당 주에는 끝내야 잊지 않고 할 수 있다.

성공과 실패는 큰 것에서 결정되지 않는다. 별것 아닌 것 같은 이 1%가 전교 1등과 명문대 합격을 가른다. 지금이라도 늦지 않았으니 바로 이 1%를 제대로 배워 여러분의 것으로 만들어야 한다. 1% 시험전략으로 이번 내신시험 결과부터 달라질 것이다!

4장

서울대 합격생의 1% 공부법

01 무엇을 어떻게 할지 알고 공부해라

중학교 공부는 암기와 기본기, 고등학교 공부는 응용과 통합!

중학교 때 전교 1등 하던 학생이 고등학교 때 성적이 떨어지는 경우를 많이 볼 수 있다. 실제로 중학교 성적이 10위권 안에 들었고 고등학교 반 배치고사에서 1등까지 한 친구가 있었다. 고등학교 첫 모의고사에서도 국어가 1등급이 나오는 등 상위권 성적이 나왔다. 자연스레 그 친구는 선생님들의 주목을 받게 되었고 많은 학생들의 부러움을 샀다.

하지만 그 친구는 시간이 지날수록 성적이 떨어졌고 나중에는 공부를 포기하는 상황까지 생겼다. 대학교도 성적에 맞춰 가긴 했는데 어디 학교를 갔는지 기억이 안 난다.

여러분도 이러한 친구들을 많이 봤을 것이다. 왜 이러한 결과가 나왔을까?

그 친구는 중학교 공부와 고등학교 공부의 차이를 전혀 몰랐던 것이다. 중학교 공부 방식이 고등학교에도 통할 것이라고 착각한 것이다. 중학교 시험문제는 복잡하지 않고 많은 이해가 필요하지 않다. 시험문제는 암기와 기본 문제들로 구성되고 변별력을 위해 심화문제가 몇 개 들어가지만 그렇게 많지는 않다. 평소에는 수업 열심히 듣고 필기하고 내용정리를 하면 된다. 시험기간 때 평소에 정리한 것 들을 꼼꼼히 암기하고 많은 문제들을 풀면 된다. 공부를 잘 못하는 학생들도 이 정도의 노력만 해주면 자신의 실력보다 좋은 성적을 받을 수 있다. 중학교 때 성적을 잘 받는 방식은 부모님 세대의 학력고사 방식과 유사하다.

하지만 고등학교 시험은 전혀 다르다. 수능문제는 이해, 응용, 통합으로 구성이 되어 있다. 문제를 읽고 핵심을 파악하고 그것을 다양한 형태의 문제에 응용할 수 있어야 한다. 한 문제에 하나의 개념만 나오는 것이 아니라 여러 가지 개념이 복합적으로 나온다. 수능에는 단순암기로만 풀 수 있는 문제는 거의 없다고 보면 된다.

나 또한 이것을 똑같이 경험했다. 나는 축구를 그만두고 공부를 해서 전교 3등으로 중학교를 졸업했다. 이때까지만 해도 내가 했던 공부방식이 옳다고 생각했다. 고등학교 와서도 중학교 때처럼 암기와 문제풀이 중심으로 공부를 했다. 이해와 진짜 실력을 위한 공부는 하지 않았다. 해야 할 필요성과 어떻게 해야 하는지를 몰랐다고 하는 것이 더 정확하다. 그래도 고등학교 1학년 1학기까지는 중학교 때 했던 방식이 통했다.

그러나 1학년 2학기가 되자 모의고사는 물론이고 내신 성적까지 급격하게 떨어졌다. 내신 또한 수능, 모의고사와 유사한 문제들이 나왔다. 나의 공부 방식은 이와는 전혀 맞지 않는 방식이었기에 아무리 열심히 공부를 해도 성적이 잘 나오기는커녕 떨어지는 것은 당연한 결과였다. 이때 중학교 방식이 고등학교 공부에 통하지 않는다는 것을 뼈저리게 느꼈다. 그것을 깨닫고 나서 나는 다양한 조사를 통해 수능 시대에 맞는 공부법을 찾아냈다. 그때부터 이전과는 전혀 다른 공부를 시작했다.

학교 수업을 열심히 듣고 정리만 하기보다 내용을 이해하고 통합하는 공부를 했다. 문제도 많은 문제보다는 적은 양이라도 제대로 풀고 분석했다. 학교 수업 외에 지문독해, 듣기, 심화문제 풀이를 위한 공부를 매일 꾸준히 했다.

처음에는 이 방법들을 습관화하는 데 시간이 오래 걸렸다. 안 해본 방식이다 보니 답답하거나 대충하고 넘어가고 싶을 때도 많았다. 그렇지만 대충한다는 것은 원래 방식대로 돌아가는 것보다 못한 것이었다. 인내와 끈기를 가지고 시대와 시험에 맞는 공부법을 몸에 체화했다. 이해와 실력을 기르는 공부를 꾸준히 하니 시간이 갈수록 제대로 공부를 한다는 느낌이 들었다. 처음부터 속도가 빠르지는 않았지만 하나하나 내 것으로 만들고 쌓여간다는 것이 느껴졌다.

암기와 문제풀이를 위한 공부는 뭔가 많이는 하는 것 같은데 금방 잊어버리고 실속이 없었다. 제대로 이해하고 실력을 기른 공부는 시간이 흘러도 없어지지 않았다. 이해가 제대로 되니 암기와 문제풀이도 효율적이고 효과적으로 되었다. 중학교 방식으로 공부할 때는 어렵고 복잡한 문제가 나오면 손도 대지 못했다. 수능공부법으로 공부하니 어떠한 문제가 나와도 두렵지 않고 과감하게 도전해서 풀어냈다.

나는 시대와 시험에 맞게 공부법을 바꾼 지 6개월 만에 내신과 모의고사를 동시에 잡았다. 내신은 전교 1등을 했고 모의고사 성적은 평균 3~4등급 향상되었다. 내가 이것을 깨닫지 못하고 원래 하던 대로 공부를 계속했다면 고생만 하다가 한 번뿐인 입시가 허무하게 끝났을 것이다. 제대로 된 방법을 아는데 안하는 것이랑 방법 자체를 아예 모르는 것은 차원이 다르다.

학력고사는 성적, 수능은 맞춤형 전략!

학력고사 시대와 지금의 입시는 시험유형이 다른 것처럼 입시전형도 완전히 다르다. 학력고사 시대는 성적만 높으면 됐다. 대학과 학과는 성적순으로 가는 곳이 정해져 있었다. 지금처럼 전형이 수만 가지가 되지 않고 간단했다. 오직 누가 잠을 덜 자고 책상에 오래 앉아서 공부하느냐가 입시의 성패를 결정했다. '사당오락'이라는 말도 이때 나온 말이다.

학력고사 시대와 다르게 지금은 성적만으로 대학을 가는 시대가 아니다. 1등급, 만점, 1등 같이 교과목 성적 목표를 세우고 공부하는 것만으로는 원하는 대학을 갈 수가 없다. 전교 1등을 하고 수능만점을 받아도 서울대에 떨어질 수 있는 시대다. 과목별 성적보다 중요한 것은 맞춤형 입시전략 수립이다. 책상에서 공부하기 전에 자신의 목표 대학과 학과를 정해야 한다. 해당 학과에서 본인에게 맞는 전형을 찾고 전략을 수립해야 한다. 이것 또한 수능 시대의 핵심공부 중의 하나인 것이다. 맞춤형 입시전략이 없으면 공부를 시작하면 안 된다. 아니, 하는 것이 불가능하다. 어디를 갈지, 어떻게 가야 할지를 모르는데 출발할 수 있겠는가?

전교 1, 2등이 서울대에 떨어지고 내가 서울대에 합격한 이유도 바로 맞춤형 입시전략을 수립했기 때문이다. 그들은 내신과 모의고사 성적에서만 1등급을 받기 위해서만 공부했다. 보통 학생들과 다르게 그들은 이해와 실력중심으로 공부를 했기에 성적은 잘 받았다. 하지만 그들은 거기까지만 알고 있었다.

나는 과목별 공부를 넘어 맞춤형 입시전략을 완벽하게 수립하고 전략에 맞추어 공부했다. 매일 아침 입시전략을 보는 것이 나의 계획에 포함되어 있었다. 공부 방향을 한순간도 잃어버리면 안되기에! 이 부분은 고1, 2 때는 당장 드러나지 않았지만 원서를 쓰고 대학에 지원할 때 힘을 발휘했다. 고3이 되어 이것을 알게 되었을 때는 어떻게 손을 댈 수도 없는, 돌이킬 수 없는 상황이 된다.

나는 자기소개서에 들어갈 활동들이 너무 많아서 무엇을 넣을지를 고민했다. 내가 한 활동 중에서 최상의 것들만 5개 뽑았다. 반면에 1, 2등은 책상에 앉아서 공부만 했지, 목표 학교, 학과 관련 활동들은 아예 하지 않았다. 자기소개서를 쓰고 싶어도 넣을 내용이 없었다. 결국 1, 2등은 수시 1차에서부터 불합격을 했고 나는 1차 합격을 넘어 최종합격을 할수 있었다.

학력고사 시대는 암기와 성적순이 핵심이다. 반면에 수능은 이해와 맞춤형 전략이 핵심이다. 시대가 어떻게 바뀌었는지를 파악하고 여기에 맞추어 공부를 해야 한다. 책상에 앉아서 열심히 책만 보는 것만을 공부라고 생각하는 시대는 끝이 났다. 중학교 방식대로 공부하면 성적이 오르지 않는 것을 넘어 입시 전체를 망칠 수 있다. 시대와 시험에 맞게 준비하고 노력하는 자만이 입시에서 성공한다.

02 성과를 만드는 공부법의 비밀, 이해!

성과를 내려면 이해하기 위한 공부를 하라

"왜 똑같은 시간과 공간에서 똑같은 내용을 공부하는데 결과는 다를까?"

"1등과 꼴찌의 차이는 오직 노력에만 있는 것일까?"

공부하는 모습만 보면 1등과 꼴지의 차이는 크게 없다. 똑같이 수업을 듣고 필기하고 책을 읽고 정리한다. 문제 풀고 답을 맞히는 것도 똑같다. 그렇다면 1등과 꼴찌의 차이는 어디에서 오는 것일까? 그 차이는 바로 공부법에서 온다. 1등과 꼴찌는 공부하는 방식이 다르다. 1등을 하기 위해서 더 많은 노력을 하는 것만이 답이 아니다. 죽어라 노력을 했음에도 성적이 안 오른다면 공부 방법을 점검해야 한다. 그렇지 않으면 노력만 하고 성과 없이 고등학교 3년을 보내게 된다. 이제는 노력을 멈추고 1등의 공부법을 배울 때이다.

1등은 공부에 대한 이해가 다르다. 그들은 입시공부를 정확하게 알고 공부를 한다. 지피지기면 백전백승이라는 말처럼 모든 시험의 특징들과 본인의 실력을 파악하고 여기에 맞게 공부한다. 정확한 방법을 바탕으로 피나는 노력을 하기에 똑같은 시간을 공부해도 그들은 항상 최상의 성적을 유지하는 것이다.

이젠 암기와 문제풀이만으로는 좋은 성적을 받을 수 없다. 암기와 문제풀이를 하지 말라는 뜻이 아니다. 수능과 내신에서 좋은 성적을 받기 위해서 암기와 문제풀이는 필수다. 시험 칠 때 관련개념이 기억이 나지 않으면 안 된다. 시험은 결국엔 문제를 풀어 정답을 많이 맞히는 사람이 이기는 것이다. 하지만 완벽한 이해가 없는 상태에서 하는 암기와 문제풀이는 모래성 쌓기와 같다. 이해를 제대로 해야 암기도 더 잘 되고 오래간다. 개념이해가 되지 않으면 문제를 제대로 풀 수가 없다. 암기와 문제풀이를 잘 하기 위해서 이해하는 공부를 해야 하는 것이다.

선천적으로 공부를 잘했든 후천적으로 알게 되었든 1등은 자신만의 공부법이 있다. 그들은 절대로 노력만으로 1등이 된 것이 아니다. 개념이해와 문제풀이에 대한 자신만의 노하우, 스킬을 가지고 있다. 하지만 개개인마다 스킬은 달라도 과목별 핵심은 있다. 그 핵심을 파악하면 어떻게 공부를 해야 제대로 공부하는 것인지를 알 수가 있다. 그 핵심위에 자신만의 노하우와 스킬이 만들어지는 것이다.

과목별 공부법의 핵심은 몽땅 '이해'다

① 국어는 독해력이다

국어에서의 핵심은 독해력이다. 지문에서 말하고자 하는 바, 주제를 정확하게 파악을 하는 것이 제일 중요하다. 보통 학생들은 지문 읽고 문제 푸느라 바쁘다. 지문 독해가 제대로 안 된 상태에서 문제를 푸니 문제가 잘 풀릴 수가 없다. 더 심각한 것은 본인들이 문제를 틀린 이유가 문제를 많이 풀지 않아서라고 생각하는 것이다. 국어 문제는 철저하게 지문 내용에 근거해서 나온다. 내용 이해와 주제 파악을 하는 공부에 집중해야 하는 이유다. 그러면 문제풀이는 80% 해결된다.

② 영어 역시 '독해력'이다

영어의 핵심도 독해력이다. 영어는 독해만 되면 답은 바로 나온다. 단어와 문법을 공부하는 이유도 결국엔 독해를 잘하기 위해서다. 그런데 보통 학생들은 독해와는 동떨어진 단어와 문법 공부를 한다. 독해를 할 때도 문장구조 파악과 내용 이해보다는 대충 읽고 정답을 맞히기에 급급하다. 국어 문제는 내용을 이해해도 응용되는 문제가 있어서 문제 공부도 필요하다. 하지만 영어는 독해만 되면 문제는 초등학생도 맞출 수 있는 수준이다. 독해력이 되면 영어듣기도 같이 해야 한다. 독해력을 충분히 길렀다면 영어듣기도 잘할 수 있다. 영어듣기도 정확하게 해석만 되면 문제 푸는 것은 식은 죽 먹기다.

③ 수학은 완벽한 개념이해가 먼저, 문제풀이는 그 다음!

수학의 핵심은 개념과 문제풀이다. 개념을 완벽하게 이해해도 그 개념을 문제와 연결시키지 못 하면 안 된다. 하지만 문제에 필요한 개념을 연결시키려면 개념에 대한 완벽한 이해가 최우선이다. 보통학생들은 개념 공부는 대충하고 문제풀이를 위한 공부에 많은 시간을 투자한다. 문제를 못 푸는 원인이 명확한 개념이해 부족인데도 문제만 열심히 푼다.

개념을 제대로 이해를 한 후에는 반드시 문제풀이를 해야 한다. 문제풀이를 한 후에는 틀린 부분에 대해 정확하게 분석하고 부족한 개념을 보완해야 한다. 보통 학생들은 문제를 풀고 답을 매기는 것을 문제풀이로 생각한다. 개념을 대충 이해한 상태이기 때문에 문제가 제대로 풀리지도 않는다. 틀린 문제에 대해서는 답이 맞고 안 맞고만 체크하고 분석은 하지 않고 넘어간다.

④ 탐구는 절대로 암기과목이 아니다

수험생들이 가장 착각하는 것이 탐구가 암기과목이라는 것이다. 탐구는 절대로 암기과목이 아니다. 수험생들은 무슨 내용인지 모른 채로 텍스트를 달달 외우기만 한다. 그러다 보니 금방 까먹게 되어 중간에 다시 처음으로 돌아간다. 수능문제는 암기가 아닌 자료해석, 통합문제가 나온다. 국사의 경우를 보면 문화 관련 자료를 주고 그 시대의 정치 상황을 맞춰야 하는 문제가 나온다. 암기만으로는 절대 맞출 수 없는 문제들인 것이다. 탐구야말로 진짜 이해가 필요한 과목이다. 개념을 깊이 이해하면서 전체를 보고 다른 개념들을 연결하고 통합하는 공부를 해야 한다.

개념과 문제풀이의 마지막은 항상 설명하기라는 것을 잊으면 안 된다. 설명하기는 과목 관련 없이 모든 과목에 해당된다. 지문 독해 후 본인이 내용 이해를 잘 했는지, 개념 공부 후 개념을 잘 이해했는지를 확인하고 틀린 부분에 대한 분석을 하고 나서 다시 풀 때 설명을 반드시 해야 한다. 암기나 문제풀이도 손으로 직접 적으면서 설명까지 하면 훨씬 더 잘 된다.

목표, 시간 관리는 언제나 병행되어야 한다

가장 중요한 것은 스스로 공부하는 시간 확보이다. 아무리 1등 공부법을 알려주어도 이것을 적용할 수 있는 시간이 없다면 무의미해진다. 이해하는 공부는 학원과 인강 수업에만 의존해서는 불가능하다. 학교 수업을 중심으로 스스로 공부하는 시간을 최대한 확보하는 것이 가장 중요하다. 스스로 공부하는 시간을 목숨보다 더 귀하게 여겨야 한다. 학원 수업과 인강을 듣는 데 투자하는 시간과 돈은 최소한이어야 한다.

혼자 공부하는 시간은 아무리 적어도 하루 최소 3시간이어야 한다. 하지만 국어, 영어 독해하고 수학 개념이해하고 문제풀이까지 공부하는 데 3시간은 턱없이 부족한 시간이다. 자습 시간, 쉬는 시간, 점심 시간, 저녁 시간 등 자투리 시간을 찾아서라도 혼자 공부하는 시간을 4시간, 5시간, 그 이상으로 만들어야 한다. 주말에는 최소 10시간은 혼자 공부하는 시간으로 확보해야 한다. 여유롭게 이해하고 실력을 쌓을 수 있는 유일한 시간이 주말이기 때문이다.

1등은 과목별 공부뿐만 아니라 목표, 계획, 시간 관리도 잘한다. 보통 학생들은 명확한 목표, 계획, 시간 관리 없이 막무가내로 공부한다. 무엇이 중요한지 모른 채 느낌 가는 대로 공부하는 것이다. 본인이 하고 싶은 공부만 하고 하기 싫은 공부는 안한다. 하기 싫은 공부가 정작 입시에서는 제일 중요한 공부인데도 불구하고! 그러니 하는 것은 많은 것 같아 보이지만 정작 시험을 보면 성적이 안 나온다.

1등은 자신이 가고자 하는 목표 대학, 학과가 명확하다. 대학과 학과 목표는 없어도 최소한 성적에 대한 목표가 명확하다. 그 목표를 바탕으로 전략과 계획을 수립한다. 과목의 중요도와 본인의 실력, 이전 시험을 바탕으로 공부전략을 세운다. 어떤 과목에 더 많은 시간을 쏟을지, 부족한 부분을 보완하기 위해 이전과는 어떻게 다르게 공부할지, 시간배분은 어떻게 할지 등을 분석한다. 학교 공부시간, 혼자 공부하는 시간, 학원과 인강 활용 시간을 눈에 보이게 스케줄화 한다. 이러한 과정을 통해 하루 목표량이 나오게 되고 그것을 달성하기 위해 본인과 싸우며 공부한다.

여러분이 평소에 하는 공부와 전혀 다르지 않은가? 1등과 여러분이 공부하는 모습은 같지만 실제로 하는 방법은 전혀 차원이 달랐다는 것을 알게 되었을 것이다. 이것이 1등과 꼴찌를 가르는 나아가서 SKY 합격을 가르는 핵심공부법이다. 1등과 꼴찌의 차이는 노력이 아닌 공부법에 있다.

03 암기가 아니라 이해를 반복하라

지금 외운 문제집의 그 문제는 시험에 나오지 않는다

"『수학의 정석』을 다 외우면 수능만점이다."

고등학교 입학하자마자 "모의고사 성적이 곧 수능성적이다."는 말과 함께 가장 많이 들었던 말이다. 수학선생님뿐만 아니라 다른 과목 선생님들도 이 얘기를 했다. 『수학의 정석』을 10번 풀어보고 외울 정도가 되면 내신은 물론이고 수능도 만점 받을 수 있다는 뜻이다. 수학 보충수업 때도 기본 개념서는 『수학의 정석』이었다. 심지어 시험 범위에 정석 문제도 포함되고 정석 문제가 내신시험에도 나왔다. 선생님들의 이 얘기를 듣고 나를 포함한 친구들은 『수학의 정석』을 중심으로 개념 공부를 했다.

하지만『수학의 정석』내용으로 개념 정리하고 문제를 풀어도 수학 성적이 오르지 않았다. 분석해보니『수학의 정석』책으로 공부한 것이 문제가 아니라 공부하는 방식이 잘못되었다는 것을 알게 되었다.

대부분 수험생들은 이해하는 것을 잘못 생각하고 있다. 방정식을 공부한다고 해보자. 보통 학생들은 방정식의 정의에 대한 내용을 그대로 읽는다. 방정식에는 일차, 이차방정식이 있다는 것을 확인하고 바로 공식 부분으로 넘어간다. 일차, 이차방정식의 풀이법이 어떻게 나온 것인지에 대한 이해 없이 공식만 달달 외운다. 그러곤 기본문제를 풀고, 답을 확인하고, 심화문제로 넘어간다.

처음에는 공식대로 문제를 푸니 잘 되는 듯하다가 응용, 통합 문제가 나와버리면 막힌다. 답지를 봐도 문제가 이해가 안되는 경우가 많다. 하지만 제대로 확인, 이해하지 않고 바로 다음 문제로 넘어간다. 이런 식으로 전체 내용을 공부하고 수학 개념 공부를 다 했다고 생각한다. 막상 시험을 쳐보면 점수가 잘 나오지 않는다.

탐구의 경우 교과서나 개념교재의 내용을 국어책 읽듯이 밑줄을 긋고 형광펜으로 표시하며 읽는다. 중요한 부분 표시된 것은 노트에 적어가면서 외운다. 읽었는데 이해 안 가는 부분은 그냥 넘어간다. 한 단원을 이렇게 끝내면 바로 문제로 넘어간다. 빈칸 넣기 같은 내용확인 문제는 쉽게 풀 수 있지만 자료가 나오는 문제들은 잘 풀지 못한다. 못 풀면 틀린 것만 확인하고 답을 적어놓고 다음으로 넘어간다.

시험기간 때 내용을 보면 처음 보는 내용 같은 느낌이 든다. 시험기간 이니 일단은 벼락치기로 적고 외우고 문제를 푼다. 시험문제를 풀면 순 간암기력으로 문제를 풀지만 응용, 심화된 내용은 풀지 못한다. 시험이 끝나는 순간 내용을 다 잊어버린다. 텍스트를 있는 그대로 정독하고 외 우는 것을 이해하는 공부를 했다고 착각을 한 것이다.

수능, 내신, 논술 문제를 보면 교재에 있는 텍스트 그대로 시험에 나 오지 않는다. 수학문제인데 숫자나 식이 하나도 없고 한글이 많은 문제 들이 많다. 글로 된 문제를 읽고 관련된 개념을 떠올리고 그것을 식으로 바꿀 수 있느냐를 평가하는 것이다. 하나의 개념이 아닌 2~3개, 많으면 4~5개의 개념을 알아야 알 수 있는 문제들이 다수 출제된다. 탐구는 지 문이나 표가 나오는 문제들로 구성이 된다. 지문과 표를 읽고 해석해서 관련 개념을 떠올리고 연결을 시켜야 한다. 수학과 마찬가지로 여러 가 지 개념을 같이 알아야 풀 수 있는 문제들도 많이 출제된다.

국어와 영어 문제는 이런 경향이 더 강하다. 학생들은 수능시험장에서 공부할 때는 한 번도 본 적 없는 새로운 지문들을 맞이한다. 그 지문들을 4~5분 내에 정확하게 독해해서 문제를 풀어야 한다. 영어단어를 많이 외우고 문법지식을 머릿속에 많이 넣는다고 해결될 수 있는 부분이 아니다. 영어듣기도 평소에 전혀 들어보지 않은 새로운 내용을 듣고 바로 문제를 풀 수 있어야 한다.

꾸준한 반복은 '암기'가 아니라 '질문'으로 해라

자기주도 학습에 관련해서 가장 많이 나오는 이론 중 하나가 '에빙하우스 망각곡선'이다. 사람이 어떤 것을 학습할 때 처음 볼 때와 나중에 볼 때의 기억이 시간이 지날수록 줄어든다는 것이다. 그렇기 때문에 학습 후에 빠른 시간 내에 복습을 하고 그 이후에도 지속적으로 꾸준히 반복을 해야 한다고 하는 것이 핵심이다. 이 반복학습을 위해서 스스로 공부하는 시간이 필요하다는 얘기를 한다.

하지만 지금 시대에서 에빙하우스 망각곡선 이론은 반은 맞고 반을 틀렸다. 개념에 대한 이해가 제대로 되지 않은 상태에서 반복해서 내용을 보면 순간적인 기억력만 올라간다. 결국 시간이 지나면 내용을 잊어버린다. 설상 그렇게 해서 내용을 머릿속에 다 넣었다고 해도 시험장에 가서 풀 수 있는 문제가 거의 없다.

학교 선생님들과 학원, 인강 강사들이 꾸준한 반복을 강조하는 이유는 그렇게 해야 학생들이 공부를 하기 때문이다. 내용을 이해하려고 하면 가르치기도 애매하고 하나의 개념을 공부하는 데 시간도 오래 걸린다. 암기와 문제풀이는 단순하고 구체적이기 때문에 학생들도 집중해서 공부하고 시간도 얼마 걸리지 않는다. 암기와 문제풀이는 바로 결과가 나오기 때문에 확인하기도 쉽다. 무엇보다 학부모들이 이러한 방식의 공부를 선호한다.

꾸준한 반복학습 자체가 중요한 것이 아니라 '무엇을, 어떻게 꾸준히 공부할 것인가'가 중요하다. 꾸준한 반복을 안 한 것이 문제점이라고 해서 해당 내용을 더 많이, 자주 본다고 이해가 되거나 실력이 향상되지 않는다. 개념을 정독하는 것이 아니라 제대로 이해를 하면 굳이 꾸준히, 자주 볼 필요가 없다.

나는 수능을 본 지 10년이 다 되어가고 입시 이후에 과목 내용을 자세하게 공부하거나 문제를 풀어본 적이 없다. 그럼에도 불구하고 지금도 내용을 보면 원리와 내용이 웬만한 건 다 기억난다. 해당 내용과 다른 내용이 어떻게 연결되고 통합되는 것까지 기억나고 설명할 수 있다. 정독, 암기가 아닌 제대로 이해하는 공부를 했기 때문이다. 제대로 이해하면 몇 년은 물론이고 평생도 간다.

국어와 영어에서의 이해는 지문에 대한 이해이다. 해당 지문을 읽고 주제와 핵심 내용이 무엇인지를 명확하게 파악하는 것이다. 특히 영어는 단어, 문법을 가지고 영어를 한글로 번역했다고 끝이 아니다. 한글로 바꾼 내용이 무슨 말인지 모르는 경우가 많다. 영어공부를 열심히 했는데 정작 국어 실력이 안 돼서 문제를 틀리는 것이다.

수학에서의 이해는 개념과 문제가 다 포함된다. 개념은 텍스트를 넘어선 이해를 해야 한다. 수열 개념을 그냥 읽고 공식 외우는 것이 중요한 것이 아니다. '수열은 어떤 문제 해결을 위해서 나온 거지? 수열의 기본은 왜 등차수열과 등비수열이지? 등차수열 공식은 어떨 때 사용하는 거지? 등차수열 공식은 어떤 과정을 통해서 나온 거지?' 등을 질문하고 답을 찾으면서 공부를 하는 것이다. 이런 식으로 개념을 공부하면 공식은 따로 외우지 않아도 된다. 시험장에서 공식이 기억나지 않더라도 공식이 나온 과정을 알기 때문에 바로 기억해낼 수 있다.

문제를 풀 때는 더 큰 이해가 필요하다. 개념을 이해하고 공식을 외우는 방식으로는 기본적인 문제 정도만 풀 수 있다.

'이 문제에서 결국 구해야 하는 것은 뭐지?'
'문제에서 주어진 조건과 숨겨진 조건은 뭐지?'
'이 문제를 풀기 위해서 내가 배운 것 중에 어떤 개념을 써야 하지?'
'이 개념을 문제에 맞게 어떻게 식으로 변형시켜야 하지?'

문제를 분석하며 체계적으로 풀어야 한다. 이런 식으로 공부를 하고 나서는 항상 '설명하기'로 마무리해야 한다.

이렇게 공부를 하는 것이 제대로 된 이해를 하는 공부다. 완벽한 이해가 된 상태에서 시험 전까지 지속적이고 꾸준하게 공부를 해야 하는 것이다. 그래야 내용에 대한 기억이 오래가는 것은 물론이고 진짜 실력이 길러지는 것이다. 어떠한 어려운 문제를 만나도 당황하지 않고 풀어낼 수 있다.

정독과 단순한 반복학습은 중학교 때까지만 통하는 방식이다. 수능은 절대로 정독, 반복학습만으로 대비할 수 없다. 이제는 수능시험과 각 과목에서 요구하는 이해가 무엇인지를 명확하게 이해하고 그것에 맞추어 제대로 공부를 하자. 정독과 이해하는 공부는 전혀 다르다.

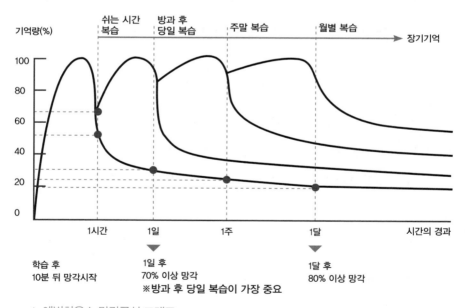

▲ 에빙하우스 망각곡선 그래프

04 서울대 합격생의 수업 정복 비법

학교 수업을 최우선으로 하라

"수능 전에 수능 출제위원이 학교에 찾아온다면 어떻게 하겠는가?"

3년의 노력이 하루 만에 평가 되는 시험이 수능이다. 수능 문제 하나로 대학이 결정되기도 한다. 그렇기 때문에 몇십만 원, 아니 몇백만 원의 돈을 줘서라도 강의를 들으러 갈 것이다. 단 한순간도 졸지 않고 수능 출제위원이 말하는 모든 것을 다 받아 적을 것이다.

하지만 대부분 수험생들은 이러한 열정으로 학교 수업은 듣지 않는다. 그들에게 학교는 휴게소와 다름없다. 수업시간에는 졸거나 아예 대놓고 자기도 한다. 전날에 새벽까지 학원 수업 듣고 과제 하느라 늦게 자서 피곤한 것이다. 저녁에 학원수업을 듣기 위한 충전을 학교 수업 시간에 한다. 수업내용과 관계없는 공부를 하거나 학원과제를 한다. 학교 수업은 의미가 없고 학원, 인강 수업만이 가치 있으니 열심히 들어야 한다고 생각하는 것이다.

나는 목숨을 걸고 학교 수업을 들었다. 수업을 내 것으로 만들고 정복하기 위해 수단과 방법을 가리지 않았다. '이 수업을 놓치면 입시에 실패한다.'라는 마음으로 초집중했다. 그 어떤 것보다 학교 수업을 최우선으로 하고 모든 것을 맞추었다. 남들이 학원 수업과 인강을 열심히 들을 때 나는 왜 학교 수업에 집중했을까?

선생님이 내신 시험 출제 위원이다

학교 수업에 집중해야 하는 이유는 많다. 가장 중요한 것은 1년에 4번 있는 내신시험이다. 수능문제는 수능 출제위원들이 낸다. 그럼 내신문제는 누가 출제하는가? 바로 수험생들이 매일 보는 학교 선생님에 출제한다. 내신의 성공은 학원, 인강 강사들이 아니라 학교 선생님한테 달려있다. 아무리 학원과 인강에서 하는 내신특강을 들어도 학교 수업을 이길 수는 없다.

학교 선생님은 수업시간에 내용설명뿐만 아니라 내신시험에 관한 정보들을 알려준다. 대놓고 주기보단 수업 중간에 슬쩍 준다. 수업에 온전히 집중하지 않으면 절대로 얻을 수 없는 1급 정보이다.

학교 수업은 학원, 인강 수업과 다르게 돈이 들지 않는다. 학원에 비싼 돈과 시간을 투자하는데 정작 성적은 올라가지 않는다. 더 심각한 것은 수험생들이 본인의 성적이 안 오르는 이유를 학원수업을 덜 들어서라고 생각하는 것이다. 그래서 더 많은 시간과 돈을 학원과 인강에 투자한다. 성적이 안 오르는 진짜 이유가 학교 수업을 열심히 듣지 않았기 때문이라는 것을 모른다.

교과서가 수능 문제의 기반이다

내신 성적은 물론이고 수능 성적을 잘 받기 위해서도 학교 수업은 필수다. 수능문제의 시작은 교과서이다. 교과서 내용을 기반으로 해서 수능문제를 출제한다. 학원, 인강의 개념과 문제풀이 강의들은 모두 교과서의 커리큘럼을 기준으로 만든 것이다. 수능의 가장 기본인 교과서의 내용도 제대로 본인의 것으로 만들지 못하면서 성적이 잘 나올 것을 기대하는 것은 어불성설이다.

수험생들은 학원, 인강 교재를 중심으로 공부하기 때문에 교과서가 어디있는지도 잘 모를 때가 많다. 나는 학교 수업과 교과서를 가장 최우선으로 중심으로 두고 공부를 했다. 모르는 것이 있으면 학교 선생님을 최대한 활용했다. 학교 수업과 교과서만으로 안되는 부분이 있을 때만 참고서, 독해집, 심화문제집과 학원과 인강 등을 이용해서 보충했다.

예습—수업—복습의 '학교 수업 정복 사이클'

그렇다면 성적의 핵심인 학교 수업을 어떻게 정복할 수 있을까? 수업을 정복하는 최고의 방법은 예습—수업—복습 사이클로 학교 수업을 활용하는 것이다. 예습, 수업, 복습의 삼박자가 정확하게 맞아떨어졌을 때 학교 수업을 정복할 수가 있다. 그 어떤 것도 소홀히 해서는 안 된다.

① 예습 – 수업시간 10분 전을 활용하라

학교 수업을 정복하기 위한 예습은 수업 전 시간들을 활용하는 것이다. 수업시간 10분전을 활용하는 것이다. 시간이 된다면 미리 30분정도 시간을 내서 하면 더 좋다. 예습을 할 때 가장 먼저 봐야하는 것은 '목차, 학습목표'이다. 목차를 보며 오늘 배울 부분이 전체에서 어느 부분인지를 확인한다. 그 다음 해당 단원의 학습목표를 확인한다. 교과서의 모든 부분이 다 중요한 것이 아니다. 학습목표를 보며 핵심 포인트가 뭔지 정확히 파악한다. 핵심 포인트를 명확히 인지하면서 교과서를 읽어나간다. 교과서를 읽으면서 주요 부분은 밑줄치고 모르는 부분은 체크한다. 예습할 때는 너무 깊게 공부하기보다 가볍게 하는 것이 중요하다.

② 수업 – 필기가 생명이다

예습을 제대로 한 상태에서 수업에 집중한다. 수업을 들을 때는 학교 선생님이 하시는 핵심들을 다 받아 적어야 한다. 수능과 달리 내신은 사소한 부분도 나올 수 있기에 그런 것도 다 필기한다. 농담이라도 선생님께서 수업의 이해를 돕기 위해 한 농담이라면 그것도 적는다. 특히 "시험에 꼭 나온다!" 하는 부분은 표시를 강하게 하고 접어둔다. 수업을 들으면서 핵심 포인트를 찾고 모르는 부분을 해결하면 된다. 그럼에도 이해가 안되면 수업 도중이나 수업이 끝나자마자 선생님께 가서 질문을 해야 한다. 모르는 것을 그때그때 해결하지 않으면 나중에는 해결하기 어렵다.

수업시간에 딴짓 하거나 졸다가 소중한 수업을 놓치면 안되기 때문에 수업에 집중하기 위한 환경을 만드는 데도 신경을 썼다. 수업 전에 찬물로 세수를 하거나 스트레칭을 하며 잠을 깼다. 수업을 하다가 잠이 올 경우에는 짝꿍한테 깨워달라고 하거나 일어서서 수업을 들었다. 무엇이든지 의지가 있으면 가능한 부분이다.

③ 복습 – 질문하며 '이해'하고 설명하며 '확인'하라

예습, 수업보다 가장 중요한 것은 복습이다. 대부분 학생들은 반대로 공부한다. 예습과 수업에 가장 많은 돈과 시간을 투자한다. 방학 때는 모든 시간과 돈을 예습에 투자하고 학기 중에는 학원, 인강 수업에 모든 것을 투자한다. 하지만 정작 중요한 복습에는 소홀히 한다. 복습을 통해 배운 것을 자신의 것으로 완벽하게 만드는 시간을 가지지 않는다. 그렇기 때문에 공부를 죽어라 해도 성적이 오르지 않는 것이다.

복습할 때 내용정리보다 중요한 것은 '내용 이해'다. 형식적인 노트정리만 하는 것은 제대로 된 이해라고 할 수 없다. 학습목표와 핵심 포인트를 인지하며 이해를 해야 한다. 이해를 하는 가장 좋은 방법은 '질문'이다. 그 부분이 왜 그렇게 되는지에 대해 질문을 하고 생각을 하고 답을 찾는 것이다. 답의 70~80%는 교과서에 있고 찾아도 없는 부분은 보충교재를 활용해서 보완하면 된다. 질문에 대한 답을 찾는 것만으로는 완벽한 이해가 되지 않는다. 해당 부분이 다른 어떤 단원과 관련 있는지를 찾고 연결해야 한다. 시험문제가 단순 암기를 넘어 이해, 응용, 통합 형태로 나오기 때문이다. 이런 방식으로 이해를 완벽하게 한 후에 자신만의 노트에 핵심을 정리 하는 것이다.

노트정리를 했다고 해서 복습이 끝난 것이 아니다. 마지막 관문인 '설명하기'가 남았다. 대부분 수험생들은 노트에 내용정리만 하면 이해를 다 했다고 생각한다. 하지만 머리로 이해했다고 생각해서 제대로 이해한 것이 아니다. 선생님처럼 설명을 할 수 있어야 진짜 이해를 한 것이다. 학교 선생님이든 학원, 인강 강사든 그들은 자기 분야에 대해 완벽히 이해하고 있다. 그렇기 때문에 수많은 학생들 앞에서 수업을 할 수 있는 것이다.

한 단원의 공부가 끝나면 내용을 덮고 선생님처럼 설명을 한다. 완벽하게 설명할 수 있으면 다음으로 넘어간다. 만약 설명을 하다가 막히면 그 부분은 제대로 이해를 못한 것이다. 막히는 부분에 대해서는 교과서와 보충교재를 다시 보면서 이해될 때까지 공부하고 정리한다. 이렇게 하나의 개념에 대해 이해가 끝난 다음에 개념 확인을 위한 문제풀이를 한다.

문제풀이를 할 때는 많은 문제를 풀기보다 한 문제 한 문제 정확하게 풀어야 한다. 문제를 푸는 것 자체보다는 분석에 더욱 집중해서 풀어야 한다. 틀린 부분에 대해서는 왜 틀렸는지에 대해서 분석을 정확하게 해서 보완한다. 문제풀이도 개념공부와 마찬가지로 설명하기로 제대로 이해했는지 확인하고 다음으로 넘어가야 한다.

학교 수업에 대한 복습이 끝난 다음에 수능공부를 한다. 지문독해, 듣기와 문제풀이를 하면 된다. 지문독해력과 응용문제 풀이력은 학교 수업과 교과서를 통해서는 기를 수 없다. 반드시 관련 교재를 따로 구매를 해서 공부를 하며 진짜 실력을 쌓아야 한다. 공부를 하며 본인이 부족한 부분이 있다면 인강이나 학원을 적극적으로 활용하면 된다. 인강과 학원도 학교 수업처럼 예습—수업—복습 사이클을 철저히 지켜야 한다.

　학교 수업은 인강, 학원과는 비교자체가 불가할 정도로 가장 중요하다. 학교 수업을 정복해야 입시를 정복할 수 있다. 학교 수업만 완벽히 잡으면 인강과 학원에 쓰는 돈, 시간을 아끼면서 성적 향상까지 할 수 있다. 이것이 내가 학원, 인강보다 학교 수업을 최우선으로 두고 공부를 한 이유다.

<입시공부 핵심 정리 노트>

서울대 합격생의 수업정복비법

1. 그 어떤 수업보다 학교 수업이 가장 중요하다는 것을 이해한다.
– 내신시험의 출제자가 학교 선생님임은 물론이고 수능공부의 가장
  기본도 학교 수업이다.

2. 학교 수업정복비법의 핵심은 '예–수–복'이다.
1) 예습
– '목차, 학습목표'를 보며 단원의 핵심을 파악하고 그 답을 찾아가며
  수업이 나갈 부분을 읽는다.
– 모르거나 헷갈리는 부분은 체크한다.
2) 수업
– '학습목표'를 생각하며 선생님이 설명하는 내용을 교과서 및 노트에
  필기한다.
– 예습할 때 모르거나 헷갈리는 부분은 웬만하면 수업을 들으며 찾을
  수 있다.

- 그럼에도 모르거나 헷갈리는 부분은 수업때 또는 수업이후에 선생님한테 질문한다.

3) 복습

- 단순히 배운 것을 보고 노트정리를 복습이라고 할 수 없다
- '질문'을 통해 답을 찾으며 제대로 이해를 하는 공부를 한다.
- 한 단원에 대한 공부가 끝나면 반드시 '설명하기'를 통해 이해를 했는지 확인한다.
- 개념이해 후 문제풀이를 할 때는 많은 문제풀이보다 '분석, 부족한 개념 보완' 중심으로 정확하고 체계적인 문제풀이를 한다.

3. 학교공부에 대한 복습이 끝나면 '독해집, 심화문제집'으로 독해력과 문제풀이력을 기르는 공부를 따로 진행한다.

05 서울대 합격생이 알려주는 과목별 공부법

이해가 먼저다 – 지금 이해하지 않으면 나중에 또 해야 한다

"코치님! 이해를 하는 공부가 중요하고 어떤 것인지는 알겠는데 실제 공부할 때 적용하는 것이 힘들어요!"

입시 컨설팅을 하면서 수험생들에게 가장 많이 받는 질문이다. 이해하는 공부가 입시공부의 핵심이지만 막상 책상에 앉아서 공부를 하려면 적용하기가 참 힘들다. 나 또한 이 방법을 알고 처음 적용했을 때 어렵고 답답했다. 암기와 문제풀이는 빨리 하는 것이 가능하다. 처음 볼 때 안 외워지면 넘어갔다가 또 보면 된다. 하지만 이해하는 공부는 하나하나 답을 찾아나가고 분석을 해야 하기 때문에 처음 공부할 때 시간이 오래 걸린다. 하나의 지문, 개념을 공부하는 데 2~3시간이 걸린 적도 많았다.

이해하는 공부는 처음 내용을 접할 때 제대로, 깊게 하는 것이 제일 중요하다. 시간이 오래 걸려 답답하다고 대충 해버리면 나중에 다시 처음부터 해야 한다.

'이번이 마지막이다. 지금 안하면 어차피 나중에 또 해야 한다.'

이런 마음을 먹고 제대로 공부해야 한다. 이해하지 않는 공부를 하지 않으면 절대로 성적은 오르지 않는다.

과목별 이해하는 공부 방법

① 언어 – 매일 최소 2~3지문을 완벽하게 분석하라

언어의 핵심은 독해력이다. 언어는 비문학과 문학으로 나뉘는데 비문학을 먼저 공부한다. 비문학 교재는 해설지에 '전체 주제, 단락별 주제, 글의 구조, 지문의 핵심내용'이 명확하게 나온 것으로 선정해야 한다. 비문학 지문을 단락별로 읽고 본인이 생각하는 단락의 주제를 적는다. 각 단락을 다 찾았으면 글의 구조를 그린다. 단락별 주제와 글의 구조를 그렸으면 전체주제를 도출한다. 단락별 주제와 전체주제를 바탕으로 해당 지문 내용을 보지 않고 설명을 한다. 만약 설명이 막히면 다시 내용을 읽고 될 때까지 반복한다. 그런 다음에 해설지를 보며 본인이 찾은 주제와 실제주제를 비교한다.

본인이 찾은 주제와 해설지와 비교해서 틀린 부분이 있으면 '내가 어떤 부분을 잘못 이해해서 주제를 잘못 이해했지?'를 찾고 그 이유를 최대한 자세하게 분석하고 정리를 한다. 이 과정을 제대로 하지 않고 형식적으로만 주제를 찾고 비교만 하면 안 된다. 틀린 부분에 대한 분석과 정리가 끝나면 직접 설명을 해야 한다. 마지막으로 지문 내용과 주제에 대해 완벽하게 설명을 하면 하나의 지문에 대한 공부가 끝난 것이다.

언어는 매일 최소 2~3지문을 공부한다. 처음에는 시간이 오래 걸리지만 시간이 지날수록 실력이 향상되어 나중에는 한 지문 공부하는 데 30분이면 충분하다. 문제풀이는 지문 내용 이해와 주제 찾기가 80% 되었을 때부터 한다. 내용 이해와 주제 찾기가 안 된 상태에서 하는 문제풀이는 의미 없다.

비문학 공부가 안정이 되면 문학파트에 들어가야 한다. 문학파트는 비문학과 다르게 배경지식이 필요한 과목이다. 학교 문학 교과서만으로도 문학을 지문독해 하는 데 필요한 배경지식을 얻는 것은 충분하다. 그럼에도 이해가 안 가거나 어려운 학생들은 학원이나 인강을 이용하면 된다. 배경지식은 기본이고 그것으로 어떻게 지문의 핵심내용과 주제를 찾는지를 배워야 한다. 그것이 되면 학원, 인강을 그만두고 비문학과 같은 방식으로 스스로 독해훈련과 분석을 하면 된다.

② 영어 - 최소한의 단어와 문법을 갖추고 독해하라

영어의 핵심도 독해력이다. 단어와 문법도 결국은 '독해'를 잘하기 위해서 하는 것이다. 기초 단어가 안 되어 있으면 서점에 가서 수능을 위한 단어집500~1,000개 정도 분량을 사서 외워줘야 한다. 영어공부에 있어 단어가 전부는 아니지만 최소한의 기본적인 단어는 암기가 필요하다. 문법의 경우에는 '문장구조 파악'을 해주는 책을 한 권 사서 스스로 공부하거나 힘들다면 인강을 들어야 한다. 인강은 주어, 서술어, 수식어구를 구분하고 독해를 하는 데 필요한 문법개념을 알려주는 10~15개 커리큘럼이 있는 강의면 충분하다.

기초 단어와 문법이 되면 바로 독해를 시작한다. 독해를 할 때는 본인의 실력에 맞는 독해집을 선택하는 것이 중요하다. 독해 실력은 낮은데 처음부터 너무 어려운 지문을 가지고 하거나, 독해력이 좋은데 너무 쉬운 지문으로 공부하면 안 된다. 해설지에는 지문에 대한 설명, 해당 지문의 단어와 문법에 대한 설명이 자세히 되어 있어야 한다.

독해를 할 때는 주어, 서술어, 수식어구를 구분하면서 한다. 예를 들면 다음과 같다

I / am / the man (who is good at playing soccer.)

독해를 할 때 모르는 단어가 나와도 신경 쓰지 말고 마지막 문장까지 독해한다. 그리고 본인이 독해한 것을 직접 설명한다. 처음에는 독해한 것이 기억이 안 날 수도 있기에 빈 노트에 독해한 것을 적어놓으면 분석할 때 도움이 된다.

설명이 끝나면 본인이 독해한 것과 해설지를 비교하며 분석한다. 틀린 분석의 이유에는 3가지가 있다. 단어, 문장구조 파악, 내용 이해! 단어의 경우 해당 단어를 아예 몰랐거나 알았는데 해당 문장에서는 다른 의미로 쓰인 경우 2가지로 나뉜다. 틀린 단어는 본인만의 단어장에 정리하는데 이때 사전을 활용해서 공부한다. 하나의 단어라도 여러 가지 의미가 있기 때문이다. 그냥 단어만 적는 것이 아니라 해당 문장을 예시로 반드시 같이 적어야 한다. 그래야 단어 암기도 더 잘 되고 시험장에서도 잘 떠오른다. 단어는 문장과 같이 공부해야 가장 효과적이다.

문장구조 파악이 틀린 경우라면 본인이 공부한 문법 교재에서 해당 부분을 찾아 보충공부를 한다. 단어와 문법을 다 알았는데 해석이 안 된 경우가 많다. 이럴 때는 본인이 어떤 부분을 어떻게 잘못 이해했는지를 분석해야 한다. 영어를 한글로 바꾼 내용을 이해 못 한 것은 국어 독해가 안 되었다는 의미니 비문학 독해공부를 더 제대로 해야 한다.

영어듣기는 지문독해가 80% 이상이 됐을 때 시작하면 된다. 지문독해가 안되면 듣기를 해도 제대로 들리지 않는다. 그렇다고 영어듣기를 위해 미드나 BBC를 보는 것은 맞지 않는 공부다. 수능 영어듣기와 미드, BBC는 아예 다르기에 영어듣기는 반드시 수능 영어듣기 교재로 해야 한다.

영어듣기는 독해와 마찬가지로 제대로 분석하며 들어야 한다. 영어로 들은 것을 영어가 아닌 한글로 받아 적는 훈련을 해야 한다. 'Hi, Nice to meet you, where are you from?'이라는 문장이라면 '안녕, 반가워, 어디서 왔어?'라고 적는다. 모든 문장을 다 받아 적는 것이 아니라 잘 안 들리거나 복잡한 문장만 적으면 된다. 다 했으면 해설지를 보며 잘 안 들리거나 내용을 잘못 이해하는 부분을 중심으로 분석을 해야 한다. 분석방식과 보충공부는 독해의 방식과 같다.

③ 수학 – 정의 · 약속, 원리, 공식, 비교 · 통합

수학은 개념이해와 문제풀이가 핵심이다. 전체목차를 보고 학습목표를 파악하는 것이 공부의 시작이다. 수학 개념은 '정의 · 약속, 원리, 공식, 비교 · 통합'을 기준으로 두고 공부한다. 이차방정식을 공부한다고 해보자. '이차방정식이 왜 이차방정식일까? 이차방정식은 어떤 문제해결을 하기 위해서 나온 개념이지? 이차방정식은 왜 이렇게 식이 구성될까? 이차방정식이 성립되기 위해 필요한 조건은 무엇이지?' 등을 질문하고 찾으며 정의와 약속을 이해한다.

그런 다음 이차방정식을 풀기 위해 알아야 할 원리들을 파악한다. 약속과 원리를 파악한 후에 '공식' 파트를 공부해야 한다. 그러면 자연스럽게 이 공식이 왜 나왔는지, 어떤 원리를 통해 공식이 만들어졌는지가 파악이 된다. 공식을 공부할 때는 반드시 '유도과정'을 직접 적어보고 이해를 해야 한다. 그래야 시험장에서 공식을 까먹어도 쉽게 떠올릴 수 있다.

이차방정식에 대한 공부가 끝나면 반드시 연관개념을 찾아야 한다. 우리가 처음 공부할 때 전체목차를 보는 이유이다. 전체를 보면 이차방정식이 일차, 삼차방정식과는 어떤 게 비슷하고 어떤 것이 다른지 알 수 있다. 나아가서는 이차방정식과 이차함수, 이차부등식은 어떤 관계인지까지 파악할 수 있다. 하나의 개념에 대한 깊은 공부뿐만 아니라 다른 개념과 연결, 비교, 통합하는 것까지 이해공부에 포함이 된다. 이렇게 공부해야 통합문제를 풀 때 당황하지 않고 풀 수가 있다.

개념에 대한 이해가 끝나면 반드시 관련 문제들을 풀어봐야 한다. 문제를 푸는 것 자체보다 개념을 제대로 이해했는지를 확인하는 것에 포커스를 맞춰야 한다. 문제조건 분석, 개념발상 및 식 수립과 계산의 순서로 문제를 푼다. 틀린 부분에 대해서 최대한 구체적으로 분석하고 글로 정리하고 반드시 이해될 때까지 설명한다.

④ 탐구 – 과목별 이해 포인트를 잡아라

탐구도 수학과 같은 방식으로 공부를 하면 된다. 다만 이해 포인트가 다르다는 것을 알고 있어야 한다. 국사, 근현대사 등 역사 파트는 역사적 사건의 배경, 과정, 의의를 중심으로 공부한다. 사회문화, 한국지리 등의 사회과학 파트는 개념의 정의, 원리, 의미, 실생활 간의 연관성을 찾으며 공부한다. 과학의 경우 물리는 수학과 비슷한 부분이 있어 개념과 문제풀이를 같이 해준다. 화학, 생물 등의 과목은 과학적 현상의 의미, 원리, 과정, 실생활을 중심으로 공부를 한다. 특히 탐구는 지문, 표, 실험 같은 자료가 중요한 과목이기에 해당 개념과 관련된 자료를 반드시 같이 공부해야 한다.

서울대생이 하는 과목별 공부법은 보통 학생들과 하는 공부와는 많이 다르다. 서울대생들은 단순한 암기와 문제풀이에 초점을 맞추지 않는다. 전체구조를 파악하며 깊이 이해하고 제대로 분석한다. 하나가 아닌 다른 부분과의 연관성을 항상 생각하며 공부한다. 이해하는 공부를 한 것을 바탕으로 암기와 문제풀이를 한다. 이렇게 공부하기에 그 많은 내용들도 효율적이고 정확하게 암기하고 어렵고 복잡한 문제가 나와도 풀어내는 것이다. 서울대생들의 공부법을 여러분의 것으로 만들어야 한다.

06 수업을 내 것으로 만드는 노트정리법

이해하는 공부는 암기를 더 잘하기 위해서 하는 것이다

수능, 내신 문제들이 이해, 응용, 통합으로 나온다고 해서 암기를 하지 말라는 뜻이 절대 아니다. 아무리 이해, 응용, 통합을 잘 해도 해당 개념을 정확하게 기억하고 떠올리지 못하면 문제를 풀 수 없다. 모든 공부의 마지막은 결국 암기다. 이해를 위한 공부는 암기를 더 잘하기 위함이지 이해 자체를 위해서 하는 것이 아니다.

암기를 잘하는 가장 효과적인 방법은 자신만의 노트를 만들어 정리하는 것이다. 노트정리 방법은 개인마다 천차만별이라 자신에게 맞게 하면 된다. 대신 과목별로 어떤 것들을 정리해야 하는지는 정해져 있다. 노트정리는 예습, 수업이 아닌 복습 단계에서 하는 것이다. 예습–수업–복습 사이클을 지키며 학교 수업을 열심히 듣는다. 복습을 할 때 내용을 이해하는 과정에서 핵심 내용과 사소한 부분까지 함께 노트에 정리하는 것이다. 노트정리가 다 끝나고 난 후에 해당 개념을 모두 담을 수 있는 핵심 키워드를 적는 것이다.

과목별 노트정리법

① 국어 – 교과서에 필기하되 문학은 노트를 만들어라

국어의 경우에 수업 내용은 교과서에 해당 부분을 바로 필기한다. 필기한 부분들이 내신시험 때 주로 나오는 부분들이다. 해당 지문의 핵심 단락이나 시어, 상징어 등을 꼼꼼하게 필기하고 표시하는 것이 중요하다. 교과서의 문학작품들은 정리노트를 만드는 것이 유용하다. 교과서 지문들을 활용한 지문이나 문제들이 수능시험에 종종 나온다. 시의 경우에는 시가 말하고자 하는 내용, 핵심시어 및 문장의 의미들을 정리를 해주면 도움이 된다. 소설의 경우에는 인물, 사건, 배경을 중심으로 작품 내용을 정리한다. 소설에서 복선이나 핵심이 되는 부분을 같이 정리해준다. 지문독해를 하거나 문제를 풀다가 모르는 단어나 사자성어도 노트에 정리해야 한다.

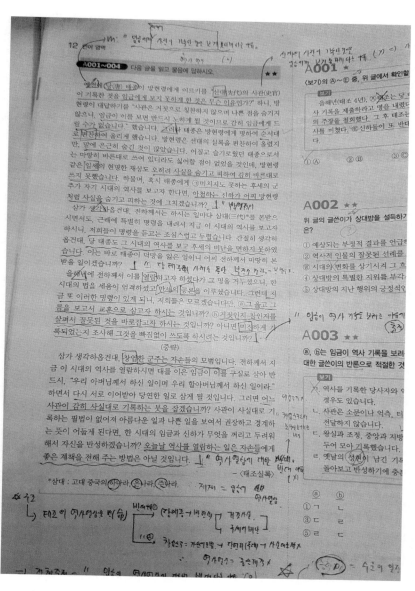

▲ 국어 지문 독해

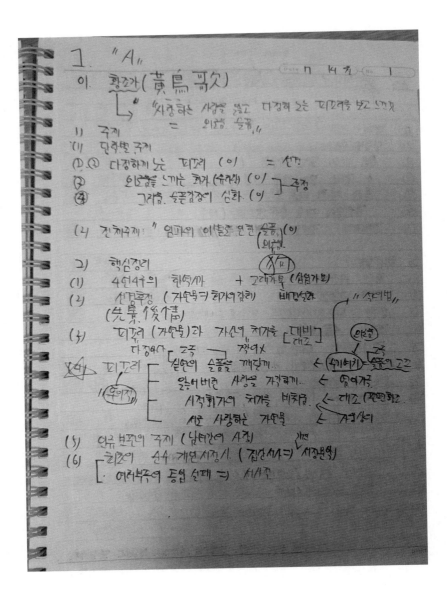

Ⅰ. "A"
이. 황조가 (黃鳥哥)
　"사랑하는 사람을 잃고 다정히 노는 꾀꼬리를 보고 느끼는
　　　　＝ 외로움, 슬픔.."
1) 주제
(1) 단락별 주제
①.② 다정하게 노는 꾀꼬리 (이 　＝ 선정:
③　　　외로움을 느끼는 화자 (수컷?) (이 ┐주정
④　　　그리움, 슬픔감정의 심화. (이 ┘
(ᄂ 전체주제: "임과의 이별로 인한 슬픔" (이
　　　　　　　　　　　　　　　　　(외로움)
2) 핵심정리
(1)　4연4구의 한역시가　＋ 고대가요 (집단가요)
(2)　선경후정 (자연물→화가의 감정)　배경설화
　(先景＋後情)
(3)　꾀꼬리 (자연물)과 화자의 처가를 [대비]　　"속미인"
　　　다정하다　즉　짝이X　　　　　　　　　　의미
(4)　꾀꼬리┌ 님연의 슬픔을 깨닫게..　←←수기어귀 슬픔의 고조
　우의적├ 잃어버린 사랑을 가각하게.. ← 송여가?
　　　　├ 시적화가의 처가를 비치함. ← 대조 (표면화은)
　　　　└ 서로 사랑하는 가온목　　← 가상성
(5)　연유 부편의 주지 (납타깐이 A정)
(6)　화연이　순수 개연 시정시. (집단서사→시정만영)
　└ 여러부주의 통입 상태 ⇒ 서사

② 영어 – 지문에 바로 필기하고 단어장을 정리하라

영어도 국어와 마찬가지로 수업내용은 지문에 단어, 문법지식, 접속사, 내용의 핵심 중심으로 바로 필기하면 된다. 영어는 영어단어장을 정리하는 것이 가장 중요하다. 영어단어는 수능 전날까지 꾸준히 봐야 한다. 그렇다고 영어단어를 위한 강의를 듣거나 몇백 페이지 되는 영어단어 책을 볼 필요는 전혀 없다.

지문독해를 하면서 몰랐던 단어, 관용어구를 반드시 영어단어장에 정리한다. 이때 단어만 적기보다 예시문장도 반드시 함께 적는다. 영어단어는 문장 속에서 외워야 가장 빠르고 실제 수능장에서 떠올리기도 수월하다. 수능영어에는 비슷하거나 대조되는 단어들에 관한 문제들이 나온다. 문법문제를 풀면 자주 볼 수 있는데 이 단어들은 한 묶음으로 해서 단어장에 정리한다.

단어장은 정리하는 것보다 지속적으로 반복해서 보는 것이 중요하다. 따로 시간 내서 보기보다 이동시간, 쉬는 시간 등 자투리 시간을 활용해 틈틈이 봐주는 것이 좋다. 매 주 주말을 활용해 그 주에 정리한 단어들을 총 복습한다. 처음에 독해를 할 때는 모르는 단어가 아는 단어보다 많다. 공부를 꾸준히 해보면 공부했던 단어들이 다른 지문에서 반복해서 나와 자동적으로 복습이 된다. 이 정도 수준이 되면 지문에서 처음 보는 단어가 몇 개 있어도 단어를 몰라서 내용을 이해 못 하거나 문제를 못 푸는 경우는 없다.

(97) I've meaning to talk with
(그 얘기 좀 할까 하는지요)
(ex) I've meaning to talk with
your boss for sometime.

(98) I need to tell you~
(= ~에 대해 얘기하고 싶어요.
(ex) I need to tell you something
about your performance, Ray.

(99) May I have a word with~?
(= 얘기 할 수 있을 까요?

▲ 영어 단어장

③ 수학 – 교과서와 기본서를 통합해서 정리하라

수학은 교과서와 기본서를 함께 보며 통합하는 방향으로 노트정리를 해야 한다. 노트정리 할 때 반드시 들어가야 할 부분은 정의, 약속, 핵심 원리와 특징, 공식과 그 유도과정이다. 특히 원리와 공식의 유도과정을 빼놓지 않고 정리해야 한다. 원리나 유도과정은 교과서를 보면 자세하게 나오고 기본서에는 자세한 과정보다는 핵심 요약 중심으로 되어 있다. 대부분 학생들은 특징이나 공식을 정리하는 데만 신경 쓰고 정작 중요한 원리와 유도과정 부분은 귀찮다는 이유로 빼먹는다.

수학은 개념노트와 별도로 문제풀이 노트를 가지고 있어야 한다. 수학은 정확하고 체계적인 문제풀이가 중요한 과목이다. 수학 문제 풀 때는 글씨도 정확하게 쓰고 풀이과정을 위에서 아래로 차근차근 적어야 한다. 그래야 분석을 할 때 어떤 부분을 잘못 풀었는지, 어디서 계산을 잘못했는지를 정확하고 빠르게 알 수 있다. 무엇보다 시험을 칠 때 계산실수 없이 빠르고 정확하게 풀 수 있다.

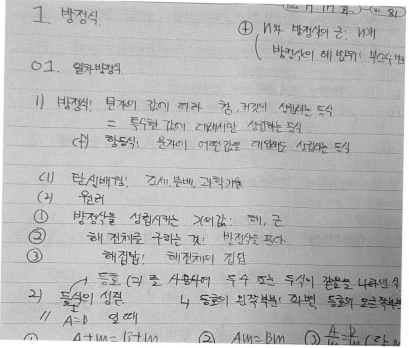

▲ 개념과 특징을 함께 적어 놓은 수학 노트

④ 탐구 – 개념 정리, 자료 이해가 최우선이다

탐구는 개념에 대한 정리가 가장 중요한 과목이다. 교과서 내용만으로는 공부하기가 힘든 과목이기에 반드시 개념설명이 되어 있는 기본서를 추가로 구입해서 같이 공부해야 한다. 교과서와 기본서의 내용을 사소한 부분까지 함께 노트에 정리해야 한다. 다른 것을 보지 않고 노트정리 하나만으로 공부가 끝날 수 있어야 한다. 탐구 과목은 비교, 대조할 부분이 많기 때문에 이 부분들은 반드시 노트에 표 형태로 그려서 정리해야 한다.

역사 과목은 해당 사건이 생겨나게 된 배경, 사건의 전개과정, 사건의 의의 등을 중심으로 정리해야 한다. 역사는 시대 흐름이 중요하기에 하나의 파트를 시대 흐름으로 정리하는 것이 중요하다. 1910, 20, 30년대 일제의 식민정책들을 보면 쉽게 이해가 갈 것이다. 각 시대별로 비교, 대조하는 것도 절대 빼먹으면 안 된다. 예를 들면 정조 시대의 정치 상황뿐만 아니라 경제, 사회, 문화현상까지 같이 정리해야 되는 것이다. 수능시험에는 이런 문제들이 주로 출제된다.

사회문화, 한국지리, 법과사회 등의 사회과학 과목들은 정의, 특징, 실생활에서의 적용을 중심으로 정리해야 한다. 사회과학 과목들은 개념에 대한 정의와 특징을 이해하고 정리하는 것이 무엇보다 중요하다. 역사와 달리 우리가 매일 겪는 일상생활이기에 정의와 특징들이 실제생활에 어떻게 연결이 되는지도 같이 정리해야 한다.

물리는 수학과 비슷하다. 개념에 대한 정의, 특징, 원리와 공식과 유도원리를 같이 정리해주면 된다. 예를 들면 위치에너지와 운동에너지를 정리한다고 해보자. 위치, 운동에너지의 정의와 특징을 정리한다. 어떻게 위치에너지와 운동에너지가 연관성이 있고 어떻게 서로 전환이 되는가를 적는다. 이러한 과정을 통해 위치에너지와 운동에너지를 구하는 공식과 공식이 어떻게 유도되었는지 정리한다.

생물의 경우에는 개념에 대한 정의, 특징과 과정들과 과정들에서 일어나는 부분들을 꼼꼼하게 정리해야 한다. 물질대사에 대해 공부한다고 하면 물질대사가 무엇인지, 종류에는 어떤 것이 있는지, 어떤 특징이 있는지를 정리한다. 신진대사가 일어나고 에너지가 만들어지는 과정에서 우리 몸에서 어떠한 변화가 있는지를 정리하는 것이다.

화학과 지구과학도 정의, 특징, 원리 등을 중심으로 정리를 해준다. 화학식이나 주기율표같이 필수로 외워줘야 하는 것들도 개념노트에 같이 정리를 한다. 과학은 주요 실험들도 있으니 그 부분들도 노트에 추가해서 정리한다.

내신시험 기간에는 노트를 중심으로 해당 내용을 꼼꼼히 외운다. 평소에 이해공부를 제대로 했다면 잘 외워질 수밖에 없다. 이때 교과서는 자료, 표, 실험 등을 해당 개념과 연결할 때, 기본서는 암기를 제대로 했는지를 확인하고 문제를 푸는 것으로 활용한다.

고3 때 실전문제를 풀다 보면 개념공부를 할 때는 잘 모르거나 대략적으로만 공부했던 부분이 나온다. 분석을 할 때 이 부분들을 해당 부분이 있는 노트에 추가로 정리를 한다. 탐구의 경우 생각지도 못한 통합문제가 나올 때가 있다. 이 부분들을 눈에 잘 보이게 표 형태로 정리해주며 공부를 해야 한다.

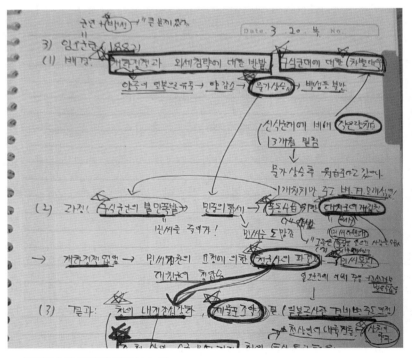

▲ 입체적으로 필기한 한국사 노트

개념전체를 보고 깊이 이해하고 문제발상을 위한 핵심키워드 노트와 암기를 위한 개념요약정리 노트까지 완성이 되었다. 노트를 정리하는 것에 만족하지 않고 주기적으로 업데이트 하고 꾸준히 반복학습을 해야 진짜 효과를 볼 수가 있다. 내신과 수능공부 할 때 이 두 노트를 이제 적극적으로 활용하면 된다. 문제를 풀 때 정확하고 빠른 발상과 구체적인 내용까지 암기가 된다. 어떤 시험문제든 다 풀어낼 수 있는 천하무적이 된 것이다!

<입시공부 핵심 정리 노트>

효율적 암기와 문제풀이를 위한 노트정리법

1. 국어

- 문학작품 : 핵심내용, 특징, 핵심어 중심
- 웬만한 것은 교과서에 바로 필기

2. 영어

- 영어단어와 핵심문법, 관용어구
- 국어와 마찬가지로 교과서 중심으로 필기

3. 수학

- 개념정리 : 정의, 약속, 핵심원리와 특징, 공식과 그 유도과정
- 문제풀이 : 조건, 개념, 문제풀이 과정과 분석

4. 탐구

- 과목별 개념과 관련 자료(표, 실험 등)

07 목차를 활용한 핵심키워드 공부법

공부를 시작할 때 해당 단원의 목차로 구조를 파악하라

이해를 하는 공부를 할 때 주의할 점은 하나의 부분만 깊게 보면 안 된다는 것이다. 수능이든 내신이든 하나의 개념만을 알고 풀 수 있는 문제는 거의 없다. 하나의 문제에 여러 가지 개념이 녹아서 나온다. 이것을 해결하는 방법은 내용을 더 많이 보고 더 많은 문제를 푸는 것이 아니다. 하나의 개념을 공부했으면 반드시 그 부분과 연관이 있는 부분을 찾고 연결하는 공부를 해야 한다.

개념공부를 할 때뿐만 아니라 문제풀이를 할 때도 마찬가지다. 이러한 공부를 통해서 이해는 더 깊어지고 응용력과 통합력이 생긴다. 전체를 보는 공부를 해야 하는 것이다.

그렇다면 어떻게 전체를 보는 공부를 제대로 할 수 있을까? 바로 단원별로 '로드맵'을 그리는 것이다. 로드맵은 쉽게 말하면 큰 그림이다. 가장 좋은 방법은 '목차'를 활용해서 공부를 하는 것이다. 어떤 책을 볼 때 목차를 보면 책의 전체 구조는 물론이고 어떠한 내용이 담겨있는지 알 수 있다. 각 장별로 어떠한 연관성이 있는지도 목차를 통해서 알 수가 있다.

공부를 시작할 때 노트에 해당 단원의 목차를 적되 단원은 소단원까지 적는다. 소단원은 공부하는 가장 최소 단위다. 방정식 파트라고 하면 '방정식 – 방정식의 종류 – 일차방정식 – 일차방정식의 정의'로 세분화할 수 있다. 이때 '일차방정식의 정의'가 소단원이 되는 것이다. 목차를 다 그리면 전체 구조가 쉽게 파악이 된다. 그 다음에는 왜 이렇게 단원이 구성이 되었는지에 대해서 생각을 해본다.

'왜 항상 수학은 공식이 아닌 정의 부분이 먼저 나오지?'
'방정식에서는 왜 이차방정식보다 일차방정식을 먼저 배치했지?'

이와 같은 질문을 한다. 구조에 대한 답을 찾고 난 후 해당 부분에 대한 공부를 시작한다.

학습목표를 통해 '꼭 알아야 할 것.'을 짚어라
공부를 하기 전에 봐야 할 것은 '학습목표'다. 학습목표를 통해 어떤 것을 중점적으로 공부해야 하는지를 명확하게 파악한다. 책에 있는 모든 내용이 다 중요한 것이 아니다. 해당 단원에서 우리가 알아야 할 것은 정해져 있다.

우리가 알아야 할 것이 바로 '학습목표'이다. 학습목표를 알아야 집중적이고 효율적으로 공부를 할 수 있다. 학습목표를 인지하지 않고 공부하면 중요하지 않은 것들까지 공부하게 된다. 시험문제도 학습목표를 중심으로 출제된다. 나 또한 학습목표를 생각하지 않고 모든 내용을 다 공부하려고 하다 잠도 못자고 스트레스만 받고 우울증까지 온 적도 있다.

핵심키워드로 단원의 핵심을 정리하라

과목별 공부법에서 알려준 방법대로 하나의 개념에 대해 제대로 된 이해를 한다. 질문하고 답하는 과정에서 이해를 하고 학습목표를 달성하는 공부를 한다. 이렇게 소단원에 대한 공부가 끝나면 해당 목차에 그 단원의 핵심키워드를 하나의 문장 또는 단어로 적는다. 핵심키워드만 봐도 그 단원의 핵심을 파악할 수 있는 것이다. 목차에 적는 핵심키워드는 요약정리와는 다른 개념이다.

핵심키워드를 적는 이유는 여러 가지가 있다. 시험문제를 풀 때 가장 중요한 것은 개념발상이다. 문제조건을 보고 어떤 개념을 써야 하는지 떠올리지 못하면 문제를 풀 수가 없다. 핵심키워드가 있으면 문제에 필요한 개념발상을 하는 것이 수월해진다. 핵심키워드에는 문제를 풀 때의 핵심이 포함되기 때문이다. 시간이 생명인 시험에서 최대한 빠르고 정확하게 관련 개념을 떠올릴 수 있는 것이다.

핵심키워드를 적는 것이 처음에는 익숙하지 않다. 하지만 여러 번의 과정을 반복하다 보면 자신만의 핵심키워드가 나오게 된다. 노트정리한 것을 보지 않고 핵심키워드만 봐도 관련내용이 떠오르기 때문에 복습도 효율적으로 할 수 있다. 나의 경우에도 목차를 그리고 핵심키워드를 적는 것이 처음에는 힘들고 시간도 많이 걸렸다. 하지만 이것이 딱 완성되니까 복습하는 속도는 상상초월이었다. 고3 때는 3년치 개념을 복습하는데 과목별로 1시간 이내면 충분했다. 나는 이렇게 전 과목 총 복습을 고3 때만 수십 번을 하고 수능시험장에 들어갔다.

시험 당일에도 핵심키워드를 적은 것을 들고 가는 것이 많은 도움이 된다. 일반적으로 만드는 개념요약 노트를 시험장에 들고 가면 무겁고 내용도 많다. 막상 시험장에 가면 그 많은 내용을 다 볼 수도 없다. 대신 핵심키워드가 적힌 노트를 들고 가면 짧은 시간에도 빠르고 정확하게 복습할 수 있다. 문제와 직접적인 연관이 있는 내용이니 시험문제 풀 때도 엄청난 도움이 된다.

해당 단원의 핵심키워드를 뽑아냈으면 공부할 때 사용한 교과서, 부교재, 요약노트는 덮고 핵심키워드만 보고 그 단원의 내용을 설명할 수 있어야 한다. 핵심키워드를 보고 설명을 했는데 기억이 안 나거나 막히면 제대로 공부를 하지 않은 것이다. 그 부분에 대한 내용을 다시 보며 공부하고 핵심키워드만 봐도 해당 개념을 완벽히 설명할 수 있을 때까지 반복해야 한다. 그러면 해당 단원에 대한 암기도 자연스럽게 될 수밖에 없다.

앞뒤 단원과 연관지어 공통 핵심키워드를 적어라

하나의 단원에 대한 공부를 했다고 끝난 것이 아니다. 그 개념과 연관이 있는 부분을 반드시 찾아야 한다. 통합이라고 해서 어렵게 생각하지 않아도 된다. 가장 가까이 있는 단원과 비교하는 것부터 시작한다. 함수 파트 중에 이차함수를 공부했다고 해보자. 이차함수와 가장 가까운 단원은 일차함수와 삼차함수다. 이차함수가 일차, 삼차함수와의 비슷한 부분과 다른 부분이 무엇인지를 찾아본다. 가까운 단원에 대한 연결을 했으면 더 큰 단원을 본다. 함수는 방정식과 부등식과도 연관성이 있다. 이차함수와 이차방정식, 이차부등식은 어떠한 연관성이 있는지를 살펴보는 것이다. 그리고 나서 연관성이 있는 부분에 대해서도 공통되는 핵심키워드를 적는다.

목차를 그리며 단원과 과목전체가 보이고 관련부분은 연결과 통합한다. 핵심키워드를 뽑아내면서 개념에 대한 깊은 이해와 빠르고 정확한

개념 발상이 된다. 어떠한 어렵고 복잡한 문제가 나와도 풀 수 있는 진짜

실력이 길러지는 것이다.

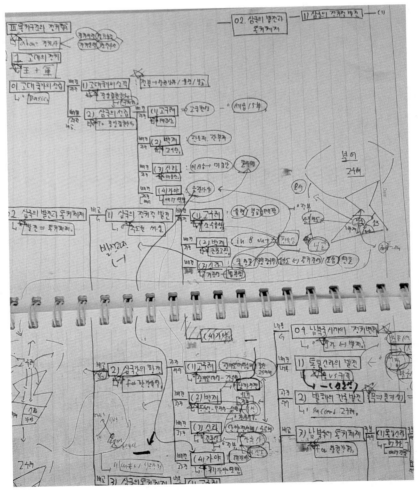

▲ 목차를 활용한 핵심키워드 공부법

중요한 것은 이 방법을 개념이해를 할 때만 하는 것이 아니라는 것이다. 목차와 핵심키워드의 궁극적인 목적은 '빠르고 정확한 문제풀이'다. 고3 때 실전수능문제를 풀 때 핵심키워드를 중심으로 개념을 떠올린다. 문제를 풀다보면 개념을 이해할 때 적은 핵심키워드가 개념 발상을 할 때는 직접적인 도움이 안되는 부분도 있다는 것을 알게 된다. 해당 단원의 핵심키워드를 문제 풀 때 도움이 되는 방향으로 수정을 하면 된다.

문제를 풀어보면 개념이해를 할 때는 생각지도 못한 개념들이 하나의 문제에 같이 나오기도 한다. 이러한 부분이 나오면 목차에 그 개념들을 연결시키고 공통점 및 차이점을 핵심키워드로 적어야 한다. 이 과정에서 응용, 통합하는 실력은 물론이고 다음에 비슷한 부분이 나올 때 당황하지 않고 문제를 풀 수 있다.

목차를 가지고 공부를 하는 것의 또 다른 장점은 진짜 중요한 부분이 어떤지를 알게 된다는 것이다. 실전문제를 풀어보면 각 과목이나 단원별로 반드시 또는 자주 나오는 부분이 있다는 것을 발견하게 된다. 시간이 지나면 그 부분들이 많이 표시가 된다. 그리고 최근 5년간의 수능 및 모의고사 문제를 보며 출제된 단원을 목차의 해당 단원 시작 부분에 바를 정正자로 표시해야 한다. 이렇게 하면 시험에 안 나오는 중요하지 않은 부분들을 보지 않아도 된다. 시험에 자주 나오고 중요한 파트 중심으로 효율적이고 집중적으로 공부를 하게 되는 것이다.

국어와 영어는 지문이 핵심이기에 지문을 가지고 로드맵을 그리는 연습을 해야 한다. 국어는 단락별 주제, 핵심내용과 전체 주제를 도출하는 것이 중요하다. 그러면서 반드시 글이 어떻게 구성이 되었는지를 정리를 해봐야 한다.

영어는 문장구조 파악을 제대로 하는 것이 중요하다. 영어의 80%는 단어와 함께 주어, 서술어, 수식어구를 구분할 수 있느냐이다. 많은 학생들이 단어를 모르는 것만큼 문장구조를 파악 못 해서 독해를 못하는 경우가 많다. 본인만의 방식으로 주어, 서술어, 수식어구를 표시한다. 문장구조 파악을 하며 해당 문장을 한글로 바꾼다. 모든 문장을 이렇게 다하고 나서 지문 내용이 무엇인지를 파악한다. 국어와 영어는 이렇게 독해하면 시험장에서 지문을 한 번만 읽고도 문제를 정확하고 빠르게 풀 수 있다.

막무가내로 열심히 공부하는 것은 열정이 아닌 무모함이다. 진짜 열정은 제대로 된 방법으로 될 때까지 포기하지 않고 끝까지 하는 것이다. 제한된 수험생 기간, 시험시간에서 효율적이고 집중적으로 공부를 해야 결과가 나온다. 단원별로 로드맵을 그리며 공부를 하면 열정에 대한 보답을 얻게 된다!

08 오답노트에 대한 오해와 진실

오답노트, 다시 안 볼 거면 만들지 마라

우리나라 결혼식을 보면 결혼의 참된 의미보다 겉치레에 너무 많은 신경을 쓴다. 주인공은 결혼하는 두 남녀인데 결혼식을 가보면 주인공들이 생전 처음 보는 사람들에게 인사를 하느라 바쁜 모습을 볼 수 있다. 그러다 보니 본인들에게 가장 소중한 사람들은 못 챙기게 되고 결혼보다 보이는 식 자체가 더 중요해진다.

30분밖에 하지 않는 결혼식에 많은 돈을 쏟아붓는다. 요즘은 '스몰웨딩'이 트렌드라고 하지만 아직은 일반 결혼식을 더 많이 한다. 결혼을 이미 했거나 준비하는 친구들이 주변에 많다. 그들에게 물어보면 하나같이 빨리 결혼식을 끝내는 것이 목표라고 말한다.

오답노트가 바로 우리나라 결혼식과 같다. 나는 오답노트를 만드는 것만큼 비효율적인 공부는 없다고 생각한다. 학교나 학원 강사들조차도 오답노트를 만드는 것이 중요한 공부라고 강조하고 심지어 과제로까지 낸다. 학생들도 그 말을 듣고 오답노트를 만드는 데 문제를 푸는 시간보다 더 많은 시간을 투자한다. 틀린 문제를 노트에 그대로 적거나 시험지를 오려서 갖다 붙인다. 틀린 부분이나 개념에 대해 수업에서 나름 들은 대로 정리를 한다.

그런데 오답노트를 열심히 만들어 놓고 정작 그 문제에 대한 이해를 제대로 못한다. 무엇보다 오답노트를 만들어 놓고 다시 보는 학생들이 거의 없다. 오답노트 만들 시간에 개념을 더 보고 문제 한 문제를 더 풀고 분석하는 것이 훨씬 낫다.

오답노트를 만드는 것 자체가 중요한 것이 아니다. 형식이 아닌 실속이 있는 공부를 해야 한다. 가장 중요한 것은 '문제에 대한 정확한 분석, 부족한 개념보충'이다. 본인이 문제를 풀면서 어떤 부분을 잘못 이해하고, 어떤 부분이 부족한지를 구체적으로 분석해야 한다. 그 부분에 대해서 개념보충을 하거나 실력을 보완하면 된다. 수능과 내신을 위해 공부할 것은 많고 이에 비해 공부시간은 턱없이 부족하다. 이러한 상황에서 오답노트까지 만들면 제대로 공부할 시간은 더더욱 없어진다. 나 또한 오답노트를 만들며 공부를 해봤기에 이 책을 보는 수험생들은 그런 시행착오를 겪지 않았으면 한다.

오답노트를 만들 시간에 문제분석과 부족한 부분 보완을 해라

오답노트를 만드는 대신 해당 문제에 분석을 한 내용을 바로 적는 것이 훨씬 효율적이면서 효과적인 공부이다.

수학과 물리는 문제 자체_{요구하는 것, 조건}, 개념발상, 식 수립, 계산을 중심으로 분석한다. 네 가지 중에서 본인이 틀린 이유를 분석하고 그 내용을 최대한 구체적으로 해당 문제 위에 바로 적으면 된다. 분석이 되면 해결책까지 정리하고 보완해야 한다.

문제에서 요구하는 것과 조건파악이 부족하다면 앞으로 문제 풀 때 문제에서 요구하는 것을 정확하게 파악하고 숨겨진 조건까지 파악해야겠다는 등으로 해결책을 세우면 된다. 개념이 부족해서 문제를 틀렸다면 해당 부분에 대한 개념을 다시 공부해서 자신의 것으로 완벽하게 만든다. 식 수립의 경우도 개념이해를 제대로 못 한 것이 대부분이니 개념공부를 해주고 평소에 연습을 많이 해야 한다. 계산의 경우 내가 가장 많이 실수했던 부분이다. 계산은 풀이과정을 정확하고 체계적으로 적으면서 문제를 풀고 답이 나왔을 때 한 번 더 신경 써서 확인을 해야 한다.

탐구의 경우는 문제 자체, 개념발상, 지문과 표, 선택지를 중심으로 분석을 한다. 탐구의 경우는 보통 주어진 자료를 잘 이해 못 해서 개념을 못 떠올리는 경우가 많다. 교과서나 기본서에 나오는 지문, 표부터 완벽하게 공부를 하고 다양한 문제를 풀어보며 자료분석력을 길러야 한다.

개념에 대한 부분은 수학과 마찬가지로 해당 개념만 뽑아서 다시 완벽하게 이해하고 정리하고 암기까지 꼼꼼히 해줘야 한다.

　자료를 다 이해하고 개념까지 잘 발상해놓고 선택지를 이해 못 해서 문제를 틀리는 경우도 많다. 선택지에는 해당 지문, 표와는 관련 없는 전혀 다른 단원의 개념이 나오기도 한다. 이 또한 통합문제의 한 부분이라고 할 수 있다. 선택지 자체에 대한 분석을 하며 핵심 개념이 있다면 같이 정리하고 공부해야 한다.

　국어는 지문과 문제를 나누어서 분석하고 정리하면 된다. 문제를 틀린 대부분의 이유는 지문 내용의 이해 부족이기 때문에 단락별 주제와 전체 주제를 찾으면서 지문독해를 다시 한다. 지문 내용을 완벽하게 이해했음에도 문제를 틀린 경우가 있다. 그땐 문제의 어떤 부분을 이해 못 했고 왜 지문의 내용을 문제와 연계하고 응용하지 못했는지를 철저히 분석해야 한다. 국어 문제에도 지문 내용을 근거로 해서 응용하는 문제들이 많이 나온다. 단순한 사실 확인문제만 나오는 것은 아니다. 단어나 사자성어 문제도 나오기도 하는데 그런 것은 그때그때 확인하고 정리해서 외우면 된다.

　영어는 지문 자체에 대한 분석이 거의 전부다. 단어, 문장구조, 번역, 내용 이해를 중심으로 분석하고 보완하면 된다. 단어가 틀렸으면 단어장에 문장과 함께 정리한다. 문장구조 파악이 안되었으면 문법교재에서 그 부분만 뽑아서 복습한다. 단어와 문장구조 파악은 되는데 번역이 안 된다면 단어와 문법조합능력이 부족한 것이니 문장구조에 대한 공부가 더 필요 하다. 번역까지 다 해놓고 내용 이해가 안된다면 어떤 부분을 어떻게 잘못 이해했는지를 분석해야 한다. 영어는 문법이나 단어 문제가 1~2문제씩 나오는데 이 부분도 국어처럼 그때그때 정리하고 외우면 된다.

설명하기와 주기적 반복이 중요하다

문제를 분석하고 정리했다고 공부가 끝난 것이 아니다. 해설지를 보지 않고 '설명'을 하면서 문제단계에 맞게 다시 문제를 풀어서 완벽하게 틀린 문제를 이해할 때까지 반복한다. 이렇게 문제집 한 권 공부를 다 했다고 해서 바로 새로운 문제집을 풀어서는 안 된다. 한 번 봤다고 모든 것을 다 기억하고 이해하는 것이 아니다. 주기적으로 반복해주는 공부가 필요하다.

국어와 영어는 실제 시험에서는 전혀 다른 지문이 나오기에 여러 번 볼 필요는 없다. 틀린 부분 위주로 총정리 한다는 느낌으로 다시 봐주고 바로 새로운 지문이 있는 교재로 넘어간다. 영어단어는 자투리시간을 이용해서 꾸준히 봐주어야 한다.

수학, 탐구의 경우에는 최소 3번에서 10번까지 틀린 부분이 없어질 때까지 반복해서 푼다. 수학, 탐구는 분석할 당시는 다 이해했다고 생각을 한다. 하지만 막상 문제를 다시 풀어보면 못 푸는 경우가 많다. 수학, 탐구는 새로운 문제가 나온다고 해도 정해진 유형과 개념에서 나오기에 새로운 문제를 많이 풀기보다 하나의 문제집을 제대로 푸는 것이 더 효과적이다. 이렇게 공부하는 것이 오답노트를 만드는 것보다 훨씬 효율적이면서 효과도 강하다.

고3이라면 오답노트가 아닌 수능시험 전략노트를 만들어야 한다

오답노트를 만들지 않는 대신 수능시험 전략노트를 만들어야 한다. 수능 날 일어나서부터 마지막 시험이 끝날 때까지의 자신만의 루틴을 전략노트로 만드는 것이다. 실전훈련을 하며 피드백을 할 때 과목별로 어떤 유형, 어떤 개념의 문제들이 나왔는지를 체크하고 각 유형별로 본인만의 풀이법을 세워야 한다. 본인이 실전훈련을 하면서 부족했던 부분들과 수능을 하며 생길 수 있는 변수들을 빠짐없이 다 적고 해결책까지 마련을 해야 한다.

수면시간, 식사시간 및 실제 수능 날 먹을 아침, 점심밥과 간식, 입을 옷, 사용할 펜과 배변시간까지도 수능시험 전략노트에 다 적어야 한다. 자신만의 과목별 전략을 적어야 하는 것은 필수다. 시험지 받자마자 할 행동, 문제 풀 순서, 모르거나 막히는 부분이 생겼을 때의 전략, OMR카드 작성전략, 문제유형별 풀이전략을 다 정리해야 한다. 그래야 수능시험을 볼 때 어떠한 상황이 생겨도 당황하지 않고 대처할 수 있다. 수능시험 전략노트는 고3 9월~11월에 실전훈련을 하면서 만들기 시작해 수능 3일 전까지 지속적으로 업데이트해야 한다.

수험생들의 소중한 시간을 잡아먹고 실속은 없는 오답노트는 이제부터 만들지 않아도 된다. 오답노트를 만들 시간에 문제분석과 부족한 부분을 보완하는 것이 훨씬 효과적인 공부다. 오답노트 대신 수능시험전략노트를 만들어야 한다. 이것이 수험생 여러분을 올바른 길로 안내해줄 것이다.

5장

서울대는 머리가 아니라
간절함과 전략으로 간다

01 1등과 꼴찌의 차이는 노력과 절박함에 있다

유럽여행에서 경험한 절박함의 중요성

4년 전 유럽여행을 간 적이 있다. 그때 나는 헝가리 부다페스트에서 여권을 분실했고 휴대폰도 고장이 났었다. 65일 여행일정 중 2주도 채 지나지 않았을 때였고, 심지어 일요일이었다. 여권을 찾기 위해 전날 갔던 여행지를 모두 다시 가봤지만 여권은 없었다.

길거리에 지나가는 난생 처음 보는 헝가리 사람들을 붙잡아 나의 사정을 설명했다. 헝가리 경찰서의 위치를 알아내 여권 분실신고를 하고 대한민국 대사관을 찾아 나섰다. 경찰서에서 설명을 들은 것만으로는 대한민국 대사관을 찾기가 힘들었다. 하필 스마트폰도 고장나서 지도를 볼 수 없었다. 길에 지나가는 사람들 3~4명한테 전화를 빌려 막힐 때마다 대사관에 전화해 물어봤다.

갖은 고생 끝에 대한민국 대사관에 가서 여권을 분실신고하고 30분 만에 새 여권을 받았다. 다행히 여행 일정은 몇 시간 정도만 늦춰졌고 무사히 65일간의 여행을 마무리했다. 여권을 잃어버렸을 때, 내 눈에는 아무것도 안 보였다. 오직 여권을 재발급 받아야겠다는 생각밖에 없었다. 여행을 중간에 그만두는 게 문제가 아니었다. 살아서 한국에 돌아가야 했다. 나는 짧은 시간이지만 간절한 마음으로 모든 노력을 다했다. 결국 여권을 재발급 받을 수 있었다. 간절히 원하고 노력하면 안되는 것은 없다. 중요한 것은 방법이 아니라 스스로가 얼마나 간절한가의 문제다!

나의 인생멘토가 된, RAIN

2008년 10월 22일 수요일! 이날은 나의 입시공부에 터닝포인트가 된 날이다. 언제나 그랬듯이 야간 자율학습을 마치고 집에 왔다. 씻고 정리하고 TV를 켰는데 MBC 〈무릎팍도사〉에 가수 '비'가 출연하고 있었다. 나는 그전까지만 해도 그의 노래를 알기만 했지 크게 관심이 없었다. 게다가 왠지 이미지만으로는 부정적인 느낌이 강했다. 하지만 그 방송을 보고 나서 나의 편견은 깨졌고 가수 비는 내 인생의 롤 모델이 되었다.

비가 어렸을 때 그의 어머니는 당뇨병을 앓고 계셨다. 비의 집이 가난

했다. 결국 얼마하지 않았던 인슐린 살 돈이 없어 어머니가 돌아가셨다. 어머니의 장례식이 끝나고 비가 집에 왔는데 집과 어머니 유품까지 화재로 다 타버렸다. 비는 '세상이 왜 나한테 이런 시련을 주는 것이지? 이제 나는 삐뚤게 살아야겠다.'고 마음을 먹었다고 한다.

그때 비는 어머니 침대 밑에서 편지를 하나 발견하였다. 어머니가 비를 위해 쓴 유서와 남겨둔 돈이 있었다. 비의 어머니는 본인의 죽음을 알았기에 그 돈을 인슐린 맞는 데 쓰지 않고 비한테 물려준 것이었다. 비는 그때 독하게 마음 먹었다.

'반드시 성공해서 세상에 보란 듯이 보여주겠다!'

비는 가수의 꿈을 이루기 위해 고등학교 때부터 오디션에 도전했다. 오디션에서 18번 떨어진 후에 JYP 오디션을 보게 되었다. 박진영이 노래를 틀고 춤을 춰보라고 했다. 비가 춤을 추기 시작했고 박진영은 음악을 끄지 않았다. 1시간, 2시간, 3시간이 지났다. '나는 춤을 추는 게 아니다. 이 음악과 싸우는 것이다.' 비는 모든 것을 쏟아서 춤을 췄다. 그렇게 5시간을 춤추고 오디션이 끝났다.

하지만 JYP에서는 한 달 동안 연락이 없었다.

'이번에도 떨어졌나보다.'

비가 이렇게 생각할 때 JYP에서 합격 전화가 왔다. 데뷔가 아닌 연습생이라는 조건으로 오디션을 통과한 것이다. 언제 데뷔할지는 그 누구도 모르는 것이고 최악의 경우 연습생 생활만 하다가 집에 갈 수도 있었다. 박진영이 비의 오디션을 보고 뽑은 이유가 훗날 밝혀졌다.

"비를 처음 봤을 때 굶어 죽기 직전의 호랑이 같다고 느꼈다. 그의 눈빛은 열정을 넘어선 절박함을 담고 있었다."

비는 연습생 생활을 3년 동안 했다. 5일 동안 굶은 적도 있고 잠은 2~3시간 자면서 연습을 했다. 최고의 가수가 되겠다는 간절함과 미친 노력으로 버텼다. 비는 3년간의 연습생 생활을 끝내고 그룹으로 데뷔했지만 실패했다. 이후 백업댄서로 실력을 다졌고 오랜 기다림 끝에 2002년에 다시 솔로 데뷔를 했다. '비'라는 타이틀을 얻기까지 4년이라는 시간이 걸린 것이다. 첫 솔로 타이틀 곡은 〈나쁜남자〉였다. 결과는 또 실패였다. 비는 당시 '벼랑 끝에서 떨어지고 싶은 심정'이었다고 한다. 그에게는 더 이상 물러설 곳이 없었다. 그러다 뜻밖의 기회가 찾아왔다. 1집 타이틀 곡과는 전혀 다른 분위기의 〈안녕이란 말 대신〉이라는 후속곡이 1등을 한 것이었다. '포기만 하지 않으면 좋은 기회가 오는구나.'라는 확신을 얻은 비는 더욱 열심히 연습하고 활동했다. 그 결과 2004년 가요대상에서 대상을 차지했고 하늘에 계신 어머님과의 약속을 지켰다!

나는 이 방송을 보고 그 당시 인터넷에서 유명했던 비의 좌우명과 각오를 찾아서 정리하고 프린트해서 나의 책상 앞에 붙여두고 휴대용도 만들었다. 매일 아침 내가 본 좌우명과 각오는 비의 것을 참고해서 만든 것이다. 힘들고 포기하고 싶을 때마다 이것을 보면서 마음을 잡고 버텼다. 나보다 더 힘든 죽을 만큼의 고통을 겪었던 비에 비해 나의 힘듦과 어려움은 아무것도 아니었다. 비의 노래도 하나도 빠짐없이 다 들었다. 특히 비의 인생, 성공스토리를 담은 노래 〈나〉, 〈My Way〉는 매일 들었다. 비는 나에게 있어 가수나 스타가 아닌 인생 롤모델이었다.

비가 나의 마음속에 들어온 지 10년이 지난 지금, 나는 10년 전 비처럼 27살이 되었다. 비가 만약 이 책을 보게 된다면 꼭 비를 직접 만나서 나의 이야기를 들려주고 싶다.

'나는 당신 덕분에 수많은 사람들의 무시와 비아냥거림 속에서도 서울대 합격이라는 최고의 꿈을 포기하지 않고 목숨 걸고 노력해서 이루어냈습니다. 정말 감사합니다.'

열심히 했다고? 착각이다, 진짜 노력은 따로 있다!

수험생들은 노력을 해야 한다고 말하면서 정작 진짜 노력이 무엇인지는 모르는 것 같다. '나는 열심히 했는데 왜 남들처럼 결과가 나오지 않지?'라고 생각한다. 아침부터 밤까지 책상에 앉아서 공부하는 것을 '노력'

으로 착각하기 때문이다. 수험생들이 재수, 삼수를 하고 싶어 하는 이유는 딱 하나다. 첫 입시에서 본인의 모든 것을 걸고 노력을 하지 않았으니 후회가 되고 아쉬운 것이다.

'조금만 더 열심히 할 걸!'
'친구들과 놀지 말고 수업시간 때 딴 짓 하지 말 걸!'
'주말에 쉬지 말고 공부할 걸!'

진짜 노력을 했다면 그 일을 절대로 다시 하고 싶지 않아야 한다. 이 일을 다시 한다고 사정했을 때, 절대 하고 싶지 않아야 진짜 노력을 하고 있는 것이다. 내 모든 것을 걸고 내가 할 수 있는 모든 것을 쏟아부었기 때문에 그것 이상으로는 더 할 수 없는 상태여야 한다. 나는 입시 때로 다시 돌아가라고 하면 차라리 죽는 것을 선택하겠다. 그 정도로 돌아가기가 싫다. '3년 동안 아무것도 하지 않고 가만히 앉아만 있어도 서울대를 보내준다.'고 해도 고등학교 때로는 절대 돌아가지 않을 것이다.

내가 입시를 할 때가 10대였다. 지금에 비해서는 아무것도 아니었다. 그렇지만 지금 다시 그때로 돌아간다고 해도 그때의 나만큼 노력할 자신이 없다. 아무것도 없었고 절망, 불안감, 두려움이 가득했다. 모든 사람들이 나를 믿지 않았고 무시하고 나의 꿈을 비웃었다. 내가 하는 이 공부가 원하는 목표를 달성해준다는 보장도 없었다. 하지만 나는 그럴수록 나를 믿고 확신했고 오직 살아야겠다는 절박함을 가지고 미친 노력으로 공부했다. 내가 축구선수였지만 서울대 합격할 수 있었던 이유다.

나는 입시 때 이러한 노력을 했기에 지금까지도 후회나 아쉬운 것이 없다. 대학생활 때도, 군대 가서도, 사회에 나왔을 때도 입시의 절박함으로 매 순간 목숨 걸고 노력했다. 대학, 군대에서도 최고의 결과를 만들었고 사회에 나온 지금 최고의 결과를 만들고 있는 중이다.

'오늘이 내 인생의 마지막 날이다.'라는 것을 반드시 기억해야 한다. 우리에게 주어진 소중한 하루를 헛되게 보내서는 안 된다. 인생 전체로 보면 입시는 아주 짧지만 한 번밖에 없는 최고의 기회이다. 오늘 가장 옳고 중요한 한 가지에 초집중하고 목숨 걸고 노력해야 한다. 오늘 하루 스스로에게 반할 정도로 노력해 다시는 돌아가고 싶지 않도록, 후회가 없게 만들어야 한다. 이런 하루하루가 차곡차곡 쌓여서 최고의 목표를 달성하게 되는 것이다.

입시가 끝나고 돌아봤을 때 그것을 이겨낸 스스로에 대한 자부심과 다시는 돌아가고 싶지 않은 마음이 생기면 진짜 노력을 한 것이다. 성공한 사람과 실패한 사람의 차이는 방법이 아니다. 똑같은 방법을 줘도 누구는 성공하고 누구는 실패한다. 성공과 실패, 1등과 꼴찌의 차이는 오직 절박함과 노력의 차이다.

02 1만 시간의 법칙? 난 2만 시간 공부했다

1만 시간의 법칙은 이제 누구나 한다

"한 분야의 최고가 되기 위해서는 1만 시간을 노력해야 한다. 하루에 3시간 노력하면 10년 걸리고, 하루에 10시간 노력하면 3년이 걸린다."

1만 시간의 법칙은 1993년 미국 콜로라도 대학교의 심리학자 앤더스 에릭이 발표한 논문에서 처음 등장한 개념이다. 말콤 글래드웰의 저서 『아웃 라이어』에서 이 연구를 인용하면서 대중에게까지 알려졌다. 1만 시간의 법칙이 알려지고 나서 많은 사람들이 이 법칙을 실천하기 위해 많은 노력을 한다. 관련 책들도 많이 나왔고 심지어 하루 18시간 몰입의 법칙까지 나왔다.

하지만 이제는 누구나 다 1만 시간의 법칙의 노력을 한다. 다른 사람들과 노력을 해서는 절대 성공할 수 없다. 남들과 차원이 다른 노력을 하면 성공할 수밖에 없다. 그냥 당연히 그렇게 되게, 오히려 안 되는 것이 이상할 정도로 노력해야 한다. 이렇게 해야 진짜 노력이라고 할 수가 있다.

1만 시간의 법칙보다 중요한 것은 주변정리와 결단이다

원하는 것을 얻고 목표를 달성하기 위해서 먼저 해야 할 것은 행동과 노력이 아니다. 1만 시간의 법칙보다 중요한 것은 바로 주변정리이다. 목표를 달성하는 데 있어 방해되는 모든 것을 다 정리해야 한다. 어떠한 상황이 생겨도 목표를 최우선으로 해야 한다. 목표에만 집중할 수 있는 태도와 환경을 만드는 것이 가장 중요하다. 어떤 이유가 있어도 현실과 타협해서는 안 된다.

대부분 사람들이 실패하는 이유에는 노력을 제대로 안 하는 것도 포함된다. 하지만 더 큰 이유는 현실과 타협하기 때문이다. 시험은 잘 보고 싶은데 오늘 밤에 하는 드라마, 예능, 먹방을 포기하지 못한다. 친구들이 '밥 먹자!', '게임하자!'라고 할 때 거절하지 못한다. 다이어트 해서 명품몸매를 만들고 싶은데 맛있는 음식을 포기하지 못한다. 목표를 위해 열심히 하다가도 피곤하거나 잘 안되면 대충한다. 주위 사람들의 부정적인 말에 흔들리고 포기한다. 성공의 문턱 앞에서 항상 실패한다. 그러고서 나중에 후회한다. 계속 이 사이클이 반복된다.

나는 실패를 반복하고 싶지 않았다.

'축구선수의 꿈이 좌절되었고 이제 남은 것은 공부밖에 없다. 공부에서도 실패하면 나의 인생은 끝이다.'

아무리 힘들고, 답답하고, 어려워도 '똑같은 실패'를 반복하지 않기 위해서 누구보다 열심히 했다. 열심히만 해서는 남들보다 똑같은 결과도 얻지 못할 것 같았다. 말 그대로 목숨 걸고 공부했다. 나는 삶의 최우선순위를 공부로 두고 아침부터 밤까지 주말과 연휴 없이 공부했다. 남들이 주말과 연휴에 자습실에 나오지 않아도 혼자 아침에 문을 열고 공부하다가 밤에 문 닫고 집에 갔다.

내가 1만 시간을 넘어 2만 시간 공부를 할 수 있었던 이유

① 목표에 집중! 자투리 시간 끌어 쓰기

수업이 9시 시작이고 등교가 8시까지니 수업 전 1시간이 확보된다. 각 수업사이에 쉬는 시간이 10분씩이 비고, 또 점심시간이 있다. 중학교 때는 보충수업이나 야간 자율학습이 없기에 5시쯤 되면 집에 간다. 7~8시쯤에 학원을 가니 밥 먹고 또 1시간 정도 남는다. 학원 끝나고 집에 오면 10~11시니 취침하는 12시까지 또 1~2시간의 공부시간을 확보할 수 있다. 합하면 약 5시간 정도다.

고등학교 때는 4~5시에 수업이 끝나면 보충수업이나 자습을 했다. 7~11시까지는 야간 자율학습을 했다. 남들 놀고 쉬는 주말에도 도서관이나 학교자습실에 가서 아침부터 밤까지 공부했다. 명절연휴 때도 전날에 부산 큰집에 가면 근처 독서실 가서 공부를 했다. 연휴 당일에도 차례지내고 나서 집에 오자마자 도서관이나 자습실에 가서 공부했다.

밥 먹고 자고 쉬고 운동하는 시간을 빼곤 모든 시간을 책상에 앉아서 공부한 것이다. 나는 이렇게 공부를 해도 될까 말까 했다. 원하는 것을 얻기 위해서는 반드시 대가를 치러야 하고 하나를 가지려면 반드시 나머지는 포기해야 한다. 가장 원하는 하나를 가지기 위해 다른 것을 다 포기하고 목표에만 모든 것을 집중해야 한다.

② 환경 조성

공부에 도움이 안되는 것이라면 내가 좋아하는 것이라도 과감히 정리했다. 축구를 그만두고 공부를 한 지 얼마 안 됐을 때까지만 해도 나는 컴퓨터 게임과 오락실 게임을 즐겨했다. 친구들과 PC방에도 가끔씩 갔었다. 하지만 게임을 하면서 공부를 하니 부작용이 많았다. 쉬는 시간이나 저녁에 잠깐 게임을 하려고 했는데 막상 시작하면 시간가는 줄 몰랐다. 수업시간이나 공부할 시간을 넘겨서 게임을 한 적도 많았다. 주말에는 아침 일찍 일어나서 게임을 했는데 어쩌다 꽂히면 하루 종일 할 때도 있었다. 평일 밤에도 조금만 하고 자려고 해도, 게임이 유독 재미있는 날이면 어김없이 새벽 늦게까지 게임을 하게 되었다. 늦게 자니 다음날 하루 종일 졸거나, 피곤해서 수업과 공부에 집중이 안 됐다.

게임이 공부에 많은 지장을 준다는 것을 깨닫고 나는 집에 깔려 있는 모든 게임을 다 지웠다. 오락실과 PC방도 과감하게 끊었다. 인생에 도움이 되지 않는 게임을 하는 데 시간을 허비할 수 없었다. 그 시간에 공부를 해도 내가 부족한 부분을 따라 갈까 말까 했기 때문이다. 게임을 끊으니 나의 몸과 정신은 이전보다 훨씬 건강해졌다. 생활도 안정적인 리듬을 찾았고 모든 것을 공부에만 집중할 수 있게 되었다.

이왕 할 공부, 또라이 소리 듣는 것을 목표로 하자

나를 가장 많이 괴롭힌 것은 주위 사람들의 부정적인 말이었다. 처음에 내가 쉬는 시간, 점심시간까지 공부를 하고 수업시간에 질문할 때 주변 친구들은 그런 나를 성가시다는 듯 보았다. 쉬는 시간에 공부하면 일부러 시비를 걸고 하루 종일 공부만 한다고 무시했다. 마음 같아서는 한 대 치고 싶었지만 그럴수록 대꾸 하지 않고 '침묵'으로 대처했다. 내가 할 수 있는 가장 큰 복수는 성적이었다. 결과로 보여주는 것만이 답이었기에 나는 공부에 더욱 미쳤다.

주변에서 '놀러 가자.', '축구 하자.' 해도 타협하지 않고 과감하게 거절했다. 힘들고 피곤해도 절대로 대충하지 않았다. 사소한 것도 완벽하게 하고 넘어갔다. 타협을 한다는 것은 내 꿈과 인생을 포기한다는 것을 의미했다. 인생에 도움이 되지 않는, 별 것도 아닌 유혹도 이겨내지 못하고 넘어가는 것은 바보 같은 행동이었다. 나는 스스로에게 후회나 미련이 남을 행동을 하지 않기 위해 노력했다.

내가 아침부터 밤까지 쉬지도 않고 공부에만 미쳐 있으니 아버지는 나보고 이렇게까지 말했다.

'경모야! 공부 많이 하지 마라. 머리 나빠진다.'

내가 하도 공부에 미쳐 있으니 오히려 공부를 좀 적게 하라는 뜻이었다. 그러나 이왕 할 공부! '또라이' 소리를 들을 만큼 미친 듯이 공부를 해야 한다. 살면서 무언가에 미쳐서 또라이 소리를 듣지 못했다면 제대로 노력한 것이 아니다. 성공한 사람들은 처음 시작할 때 모두 또라이 소리를 들었다. 보통 사람들 눈에는 그들이 정상으로 보일 수가 없다.

입시가 끝나고 내가 공부한 시간을 계산해보니 하루 평균 14시간씩 매일 공부를 했다. 2005년 8월 29일에 전학을 와서 2009년 12월 11일 서울대 합격 발표 날까지 공부를 했다. 약 4년 4개월 정도였고 날짜로는 정확하게 1,565일이었다. 1,565일×14시간 하면 21,910시간이 나왔다. 나는 1만 시간을 넘어 약 22,000시간 가까이 공부를 한 것이다.

단, 그냥 아무 생각 없이 하루 14시간씩 4년간 2만 시간 공부를 해서는 안 된다. 오늘 당장 책하나 들고 책상에 앉아서 14시간 동안 앉아서 공부하라는 뜻이 아니다. 수험생들이 아침부터 밤까지 죽어라 공부해도 성적이 안 나오는 이유가 노력이 부족해서만은 아니다. 명확한 꿈, 목표와 제대로 된 방법이 전제된 상태에서 목숨 건 노력을 해야 결과를 이룰 수 있다는 것을 절대 잊으면 안 된다.

이제는 1만 시간의 법칙으로는 성공할 수 없다. 그것을 넘어서 목숨건, 차원이 다른 노력을 해야 한다! 이왕 할 공부라면 자신의 모든 것을 걸고 공부를 해야 한다. 어설프게 하려면 차라리 안 하는 것이 더 현명한 선택일 수 있다. 1만 시간의 법칙? 나는 2만 시간 공부했다!

03 지금 노는 것을 미루면 노는 물이 달라진다

나는 서울대 합격을 위해 사랑도 포기했다

운동선수로 성공하기 위해서 지켜야 할 3가지 금기를 듣고 자랐다. 술, 담배 그리고 여자! 운동선수는 몸 자체가 재산인 사람들이다. 이 3가지를 하는 순간 최고의 선수가 될 수 없다. 2002년 4강 신화의 주역이자 한국 최초의 프리미어리거 박지성! 박지성은 최고가 되고 최고의 상태를 유지하기 위해 엄청난 자기관리를 했다. 당연히 3가지 금기를 지켰다. 맨체스터 유나이티드에 가서 자유분방한 해외선수들이 '술 마시자.', '여자들이랑 놀자.' 해도 거절했다는 스토리는 유명하다. 박지성보다 훨씬 뛰어난 재능을 가지고 있었던 사람들은 많다. 그들이 더 큰 선수가 못 되었던 이유는 이 금기를 지키지 못했기 때문이다.

나 또한 축구선수일 때부터 이 3가지를 명심하고 가까이 하지 않았다. 초등학교, 중학교 때라 술과 담배는 할 일은 없었다. 다만 사춘기가 찾아오자 이성에 눈을 떴다. 좋아하는 여자가 있었다. 하지만 혼자서만 좋아하고 따로 표현이나 고백은 하지 않았다. 축구선수로서 꼭 성공하고 싶었기 때문이다. 비록 그 꿈은 이루지 못했지만.

처음 공부를 시작했을 때는 이성에 대해 신경을 쓸 겨를도, 그럴 기회도 없었다. 중학교가 남중이었기 때문이다. 우리 지역에는 남중, 여중이 있었고 고등학교가 남녀공학이었다. 고등학교에서 남녀가 만나게 되는 것이다. 중학교 3학년 기말고사가 끝나고 선생님들이 고등학교 생활에 관한 조언들을 해주었다. 고등학교에 있다가 중학교로 오신 한 선생님께서 강하게 말씀하셨다.

'여자 보기를 돌같이 하라.'

공부를 잘하던 학생들이 고등학교 가서 연애하다가 성적 떨어지고 입시를 망친 경우가 많다는 것이었다. 나는 선생님 조언을 잘 새겨들었다. 고등학교 가서도 이성에 관심을 가지지 않고 공부만 하기로 결심했다.

고등학교 입학한 지 얼마 되지 않았을 때는 서로 잘 모르거나 오랜만에 만난 친구들이라 어색했다. 보충수업, 자습하면서 남녀가 자연스럽게 알게 되었다. 다른 친구들은 이성에게 관심을 가졌지만 나는 '여자는 돌이다.'라고 생각하며 지조를 지켰다. 하지만 이 지조는 1학년 1학기 첫 중간고사가 끝나자마자 깨졌다.

중간고사가 끝나는 5월, 우리 학교에서는 체육대회와 축제를 했다. 시험 스트레스를 내려놓고 즐기는 시기가 온 것이다. 체육대회와 축제를 하면서 같은 학년 친구들, 선후배들과 친해졌고 잘 몰랐던 이성친구들도 알게 되었다. 체육대회 이튿날, 나는 그늘에서 쉬고 있었는데 한 여자인 친구와 눈이 마주쳤다. 그 순간은 당황스러웠지만 손을 흔들며 인사를 했다. 우리는 함께 그늘에서 쉬면서 이야기를 하며 서로를 알아갔다. 그 친구는 우리 지역이 아닌 다른 지역에서 온 친구였다. 이야기를 하던 도중 나는 줄넘기 시합을 갔어야 했다. 그때 나의 체육복에는 주머니가 없어서 손에 들고 있던 5천 원짜리 지폐를 그 친구에게 잠깐 맡겼다. 그런데 줄넘기 시합이 끝나고 바로 폐막식을 해서 돈을 돌려받지 못했다. 다행히 같은 반에 그 친구와 같은 지역에서 온 친구가 있었다. 전화번호를 알려달라고 해서 연락을 해 돈을 받았다. 그렇게 그 친구와 인연이 시작되었다.

체육대회 이후에는 같은 학교에 있어도 따로 만날 기회가 없었다. 휴대폰 문자로만 가끔씩 안부를 묻고 대화 정도만 했다. 고등학교 2학년 때부터 볼 기회가 생겼다. 2학년 때부터 같이 야간자율학습을 하면서 저녁 시간이나 쉬는 시간에 자주 보며 이야기도 하고 매점에서 맛있는 것도 사먹었다.

그러다 고2 수학여행을 갔을 때부터 그 친구를 이성적으로 좋아하기 시작했다. 자습을 할 때 쉬는 시간이 다가오면 그 친구를 만날 생각에 가슴이 떨리고 공부에 집중이 되지 않았다. 쉬는 시간은 20분 정도로 짧았지만 그렇게만 봐도 좋았다. 공부할 때 힘이 되었다. 그때부터 휴대폰으로도 자주 연락하고 좋아하는 감정도 표현했다. 나는 2학년 때 합반이었고 그 친구는 여자 반이었다. 그럼에도 불구하고 나는 생일, 화이트데이, 빼빼로데이, 크리스마스가 다가오면 선물을 사고 손 편지를 써서 여자 반에 찾아가서 그 친구에게 선물을 주었다. 소풍을 갔을 때도 각자 친구들과 놀다가 따로 만나서 시간을 보냈다.

고등학교 2학년 겨울, 이 친구를 좋아하는 마음이 커진 나는 결단을 해야 했다. 사랑 VS 공부, 둘 중에 하나를 선택해야 했다. '좋아하는 이 친구에게 고백할까? 아니면 포기할까?' 내 가슴은 이 친구와 사귀고 싶었지만 나의 머리는 안 된다고 하고 있었다. 결론부터 얘기하면 나는 사랑을 포기하고 공부를 선택했다.

나는 내 꿈, 생존을 위해 공부를 하고 있었다. 그런데 사랑을 선택하면 내 꿈을 포기해야 했다. 지금이야 둘 다 할 수 있지만 그때 나는 어렸기에 둘 다 잡을 수 없었다. 감정 컨트롤을 할 만큼 성숙하지 않았다. 좋아하는 감정이 더 강하기에 공부에 집중할 수 없었다. 그리고 사랑과 공부를 둘 다 잡으려다가 입시를 망친 커플을 너무나 많이 봤다. 그 커플들은 사귈 때는 쉬는 시간에도 교실에 와서 애정표현을 하다가도 헤어지는 순간 서로를 비난하기까지 했다.

나는 그 당시 이 친구를 책임질 자신이 없었다. 학교에서도 자주 보기도 하지만 연인이기에 주말에도 시간을 내서 데이트를 해야 한다. 하지만 나는 그때 주말에도 아침부터 밤까지 공부를 했다. 이 친구를 만날 시간이 없었다. 이 친구 집이 같은 지역도 아니라 만나는 것 자체도 힘들었다.

사귀고 나서 책임 못 지고 서로에게 상처만 남겨줄 바에야 시작을 하지 않는 게 좋다고 생각했다. 고백하고 사귈 수 있음에도 사랑을 포기해야 하는 것만큼 힘든 것은 없었다. 이 결단을 하고 난 후에 '헤어질 때 헤어지더라도 후회 없이 사귀어 볼 걸.'이라는 생각을 하기도 했다. 그때마다 지금은 공부하고, 서울대에 가서 더 좋은 사람을 만나 후회 없이 사랑을 하자는 위로 아닌 위로를 했다.

결국 나는 서울대에 합격을 했고 그 친구는 진주에 있는 학교에 입학을 했다. 고등학교 3년 동안 알고 지내고 좋아하면서 정작 둘이 밥 한 끼 함께 먹은 적이 없었다. 나는 개인적으로 그 친구에게 연락을 해서 밥 한 끼 하자고 했다. 고깃집에 가서 맥주를 먹으며 이런저런 얘기를 나누었다. 그러다 내가 물어봤다.

"내가 너 좋아한 거 알아? 내가 그때 고백했으면 사귀었을 거야?"

그 친구는 '좋아했다는 것은 당연히 알고 있었는데 고백은 받아주지 않았을 것.'이라고 이야기했다.

"너 그때 공부했잖아. 사귀면 방해되었을 거 아니야."

너무 감동적이었고 나의 꿈을 응원해주었던 그녀가 고마웠다. 나는 한 번 더 물어봤다.

"공부 상관없이 내가 사귀자고 했으면?"
"사귀었을 거야."

비록 이 사랑은 이루어지지 못했지만 10년이 지난 지금도 나의 가슴에는 좋은 추억으로 남아 있다. 그 친구가 행복하게 살기를 바란다.

고등학교 때 노는 것과 대학교에서 노는 것은 차원이 다르다

고등학생은 '19세 미만 금지'라는 나이 제한도 있고 신분도 학생이다 보니 경험할 수 있는 폭이 좁다. 노는 것도 제한적이다. 물론 술 마시는 친구들도 가끔씩 있었지만, 노는 것이라고 해봐야 축구, PC방, 오락실, 영화 보기, 가까운 곳으로 여행하기, 쇼핑 정도다. 대부분 학생들은 당장 힘드니까 도피하기 위해 친구들과 어울리고 주말에는 하루 종일 논다.

나 또한 사람이기에 놀고 싶었던 마음이 없었던 것이 아니었다. 친구들이 주말에 축구하고 놀다 와서 학교에 와서 늘어놓는 에피소드를 들으면 공부만 하고 있는 내 모습이 안쓰럽기까지 했다. '그냥 그들과 같이 즐기면서 놀까? 힘들면 쉬는 시간에 그들처럼 자고 쉴까?'라는 마음이 생겼다. 나 빼고 다 그렇게 살고 있으니 영향을 안 받을 수가 없었다. 하지만 나는 그럴수록 더 독하게 마음먹었다.

'지금 노는 것은 순간이고 수준도 떨어진다. 고등학교 3년만 노는 것 참고 공부해서 서울대 가면 노는 수준이 달라질 것이다.'

정말로 서울대학교를 가니 노는 물이 밑에서 와는 차원이 달랐다. '환경이 사람을 만든다.'는 말이 어떠한 것인지를 몸소 느꼈다. 서울대에 오니 만나는 사람들, 교육 환경과 수준, 기회들이 일반대학교와는 달랐다. SKY생들은 마인드나 목표, 대화하는 수준도 달랐다. 자연스럽게 나는 의식이 커지고 더 큰 세상을 보게 되었다. 왜 SKY를 가면 다른 대학교 갔을 때보다 더 많은 기회가 있을 수밖에 없는지를 알게 되었다.

사실 서울에 있는 것만으로도 접하는 것이 달랐다. 지금은 어디에 있든지 상관없이 스마트폰만 있으면 원하는 것을 얻고 부자가 될 수 있다. 그러나 그래도 큰 기회와 성공한 사람들은 서울에 많다. 만나는 사람, 정보, 기회도 그렇지만 무엇보다 '노는 클래스'가 달랐다.

나는 7년 전에 강남의 영어 학원을 다니면서 메이크업 아티스트이자 파티플래너인 이성 친구를 알게 되었다. 그 친구가 나를 청담동, 압구정, 신사동의 클럽파티에 초대해주었다. 그때까지만 해도 클럽하면 부정적인 인식을 가지고 있었다. 근데 그 친구가 초대해준 파티는 내가 생각했던 것과는 차원이 달랐다. 규모도 엄청난 데다가 럭셔리하고 분위기도 즐거웠고 매력적인 사람들이 많았다. 이러한 경험을 통해 나는 더 큰 동기부여를 받았다.

'나의 능력, 매력, 가치를 높여서 반드시 클럽의 가장 좋은 자리를 잡고 논다!'

이 다짐을 한 지 5년 만에 나는 청담동에서 제일 잘나가는 클럽의 가장 좋은 룸에서 20명 가까운 사람들을 초대해 최고의 생일 파티를 했다. 그 이후로 나는 매년 내 생일파티를 가장 좋은 클럽의 메인 룸에서 한다.

대학 와서 다른 사람들은 국내나 동남아 같이 가까운 곳으로 짧게 여행을 갔다. 하지만 나는 대학교 4학년 1학기까지 하고 1년 휴학을 했다. 이 시기 나는 미국, 캐나다 여행뿐만 아니라 65일 동안 혼자서 유럽여행을 했다. 고등학교 3년 동안 공부를 안 했으면 불가능한 일이었다.

나는 남들과 다른, 클래스 있는 대학 생활을 하면서도 미래에 대한 준비도 같이 해나갔다. 반면에 고등학교 때 공부를 안 했던 친구들은 대학 가서 공부하기 바빴다. 학교 시험, 취직 준비, 공무원 시험 준비 등으로 대학 생활의 대부분을 보냈다. 심지어 공무원 시험 준비를 하는 데 3~4년의 시간을 보내는 친구들도 있었다. 친구들은 10년 전이나 지금이나 달라진 것도 크게 없고 먹고 노는 것도 비슷했다.

인생은 공평하다. 지금 하면 나중이 덜 힘들고 지금 안 하면 언젠가는 해야 한다. 중요한 것은 지금 하는 것이 가장 힘들지 않다는 것이다. 나는 서울대학교를 가기 위해 사랑도 포기했다. 지금 노는 것을 미루면 노는 물이 달라진다. 어떠한 삶을 선택하겠는가? 여러분이 지금 하는 선택이 5년 뒤를 결정한다!

04 나를 위한 공부 VS 남을 위한 공부

"너희들, 왜 날 좋은 주말에도 노는 것을 포기하며 공부하니?"

"친구들이 하니까요."

"부모님이 시켜서요."

"좋은 대학 가면 취직할 수 있으니까요."

내가 직접 입시를 겪어보고 많은 수험생들을 컨설팅 하면서 느낀 것은 자신이 왜 공부를 하는지 이유가 명확한 사람이 없다는 것이다. 이유를 들어보면 다 주변의 영향을 받은 것들이다. 목표, 전략, 계획이 없는 것보다 더 심각한 것은 입시공부를 하는 진짜 이유가 없는 것이다.

이유도 없이 소중한 10대에 아침부터 밤까지 심지어 주말과 연휴도 없이 죽어라 공부한다. 어린나이에 매일 스트레스 받으며 공부한다. 이렇게 고생이란 고생은 다하는데 성적은 안 나온다. 주위 친구들이 공부하니까 안 하면 뭔가 뒤처지는 것 같아서, 부모님이 시키니까 공부한다는 얘기를 들을 때 마다 너무 안타깝다.

축구선수였던 내가 공부를 했던 진짜 이유

나도 처음 공부를 시작할 때 명확한 이유가 있었던 것은 아니다. 주위 사람들의 무시와 비아냥거림에 축구선수도 공부할 수 있는 것을 증명하고 살기 위해서 공부했다. 명확한 꿈이 있거나 미래에 무엇을 해야겠다는 것은 더더욱 없었다.

부모님은 내가 체육교사가 되기를 바랐다. 아버지가 체육교사이시기도 하고 내가 안정적인 직장을 갖기를 원했다. 하지만 나는 직장인, 공무원이 되고 싶다는 생각을 한 번도 해본 적이 없었다. 어렸을 때부터 누구 밑에서 일하기보다 '리더'가 되어 자유롭게 살고 싶다는 생각이 강했다.

입시공부를 하면서 스포츠 쪽으로 무엇을 할 수 있을까 생각을 해보았다. 그러다가 '스포츠 센터 CEO, FIFA 회장'이 되고 싶다는 목표가 생겼다. 스포츠를 통해서 사람들에게 건강과 행복을 주고, 전 세계 사람들이 좋아하는 축구를 통해 삶의 즐거움을 주자! 실제 나의 학생기록부를 보면 장래희망에 이 2가지가 들어가 있다.

큰 목표가 생기니 더욱 열심히 공부를 해야겠다는 마음이 생길 수밖에 없었다. 세상을 바꿀 꿈과 목표가 있는데 지금 나에게 주어진 입시공부도 못하면 안되었다. 그리고 서울대 체육교육과를 들어가면 스포츠 관련해서 만나는 사람들, 환경, 교육 등이 다른 대학교 체육교육과와는 많이 다를 것이고, 서울대를 가야 스포츠 리더가 될 수 있는 더 많은 기회를 얻을 수 있을 것이라고 생각했다.

학벌이 전부는 아니지만 더 많은 기회는 준다

나는 고등학교 1학년 때까지는 대한민국에서 학벌이 얼마나 중요하고 영향이 큰지를 잘 몰랐다. 서울대가 대한민국에서 최고의 대학이고 합격하면 어딜 가나 사람들의 주목을 받을 수밖에 없다는 정도만 알고 있었다. 공부하면서 쉬는 날을 활용해 공부 관련 영상들도 많이 찾아보았다. 그때 공부법 전문가나 학원 강사들이 우리가 왜 공부를 해야 하는지, 대한민국에서 학벌이 어떤 의미를 가지는지 말하는 영상들을 보게 되었다.

영상에 나온 전문가들은 부모님이나 선생님이 말하는 '공부 열심히 해야 인생이 행복해진다, 명문대를 가면 좋은 회사 취직한다.'는 뻔한 이야기는 하지 않았다. 그들은 학벌주의의 실체에 대한 내용들에 대해 알려주었다.

'대기업에서 신입사원들을 서류를 볼 때 학교타이틀만 보고 뽑고 자기소개서 내용은 보지도 않는다. SKY 동문들끼리 서로 밀어주고 끌어준다. 게임 회사 직원을 뽑을 때도 관련 전공한 일반대학생보다 전공과 무관한 SKY를 뽑는다.'

학벌에 대해서 아무것도 몰랐던 나에게는 충격 그 자체였다. 학벌의 실체를 보면서 '열심히 공부하면 나중에 취직할 때 남들보다 훨씬 유리하겠다.'라는 생각을 하진 않았다. '내가 지금 공부할 수 있을 때 공부를 안 하거나 대충 하고 성적 맞춰 아무 대학에 가면, 나중에 학벌 때문에 원하는 것을 못 할 수 있는 상황이 생기겠다. 학벌이 인생에 전부는 아니지만 학벌이 있으면 더 많은 기회를 얻으며 원하는 것을 할 수가 있겠다.'는 것을 느꼈다.

고등학교 때 공부 안 하면 대학 가서 더 많은 공부를 해야 하고, 고등학교 때 공부하면 대학 가서는 덜 공부해도 되었다. 고등학교 때나 대학 가서나 인생에서 한 번은 고생을 해야 하는 것이다. 나는 이왕 고생할 것이라면, 고등학교 때 하는 게 가장 덜 힘들 것이라고 생각했다. 상식적으로 생각을 해도 그랬다. 고등학교는 공부만 할 수 있는 상황이었다. 특별한 경우가 아닌 이상 생계를 위해 돈을 벌어야 하는 것도 아니고, 공부를 아무리 하기 싫어도 결국 정해진 시간에 학교를 가서 수업은 들어야 한다.

하지만 대학생이 되면 상황이 다르다. 자유와 함께 책임이 같이 주어진다. 공부하면서 아르바이트 하며 용돈도 벌어야 하고, 부모님 지원이 힘들 때는 등록금, 월세, 관리비 등도 스스로 벌어야 한다. 대한민국 남자라면 군대도 반드시 가야 한다. 여러 가지를 종합해봤을 때 대학교를 가면 고등학교만큼 공부에만 집중할 수 있는 상황이 주어지지 않을 것이라는 것이 보였다.

무엇보다 중요한건 사람들은 학벌을 보지 대학교 때 쌓은 스펙을 보지 않는다는 것이다. 고등학교 때 3년 공부하는 것이 대학교 4년 동안 공부하고 고생한 것보다 효율이 크다. 나는 어차피 해야 하는 공부라면 고등학교 때 끝내버리자는 마음으로 공부를 했다.

자신만의 이유가 있어야 흔들리지 않는다

스스로가 간절히 공부해야 하는 이유를 찾는 것이 목표, 전략, 계획보다 훨씬 중요하다. 자신만의 진짜 공부하는 이유가 생기면 방법을 모르고 주위에서 안 알려줘도 스스로 목표, 계획, 전략을 수립한다. 누가 시키지 않아도 알아서 열심히 공부하고 어떠한 힘들과 어려움이 있어도 절대 포기하지 않는다.

반대로 주위의 영향을 받아서 공부를 하면 끝까지 버티지 못하고 조금만 힘들어도 대충하고 쉽게 포기한다. 남들의 부정적인 몇 마디에 쉽게 흔들리고 무너진다. 주위의 영향을 받아 공부를 하고 안 하고를 선택하는 것은 입시에서만의 문제가 아니다. 나중에 사회에 나가서 진짜 인생을 살아야 할 때도 남들이 하는 대로 따라가게 된다. 남들이 시험 기간에 공부하니까 따라서 시험공부하고, 필요한지 필요 없는지도 모르면서 남들이 토익하니까 토익 학원에 다닌다. 자신은 아직 하고자 하는 게 명확하지 않은데 주위에서 취직 준비를 하니 본인도 뭔가를 해야겠다는 생각이 들어 취직 준비를 한다. 남들이 하는 것을 한다. 심리적 안정감은 있을 수 있지만 진짜 본인이 원하는 삶을 살 수는 없다.

입시공부하면서 가장 힘들 때는 '열심히 했는데 그만큼 성적이 안 나왔을 때'였다. 보통 학생들은 이런 상황을 맞이하면 쉽게 기죽거나 마지못해 다시 한다. 이것이 몇 번만 반복되면 결국엔 지쳐서 포기한다. 공부를 하는 본인만의 이유가 명확하지 않기 때문이다. 나는 포기하고 싶을 때마다 나의 목표와 공부하는 이유를 보며 마음을 다졌다.

'지금 힘들고 답답하다고 포기하면 진짜 어리석은 짓이다. 이때까지 내가 한 노력이 물거품이 되어버리는 그런 문제가 아니다. 입시공부도 못 버티는데 대학, 사회 가서 더 힘들고 어려운 일을 버틸 수 없다. 그때도 힘들고 잘 안 된다는 이유로 포기할 것인가?'

한 번뿐인 소중한 인생이다. 남들 눈치 보면서 살기에는 너무나 아깝다. 자신이 간절히 원하면 누가 뭐라고 하든 눈치 보지 말고 하면 된다. 그래야 후회 없는 삶, 남들과는 차원이 다른 삶을 살 수가 있다.

내가 처음 공부할 때 무시와 비아냥거림을 듣고 상처받아서 공부를 안 했다면? 서울대를 목표로 했을 때 사람들의 부정적인 말을 듣고 포기했다면? 생각만 해도 끔찍하고 스스로가 엄청난 후회를 했을 것이다. 결과가 어떻게 되든 스스로가 후회 없이 열심히 해보고, 그래도 안 돼서 떨어진 것이 남들이 시선이 무서워 포기하는 것보다 백번 나은 선택이다. 남을 위한 공부가 아닌 나를 위한 공부를 해야 한다.

05 대한민국에서 학벌은 기회다

4년 동안 서울대에서의 생활 - 기회를 얻다

서울대학교에 입학을 하면 대학생이니 캠퍼스의 낭만을 즐길 줄 알았다. 하지만 서울대학교 생활은 고등학교 입시 때보다 더 바쁘고 정신없었다. 나는 대학생 때 학교 수업을 열심히 들은 것은 물론이고 축구부, ROTC, 입시강연과 컨설팅, 축구코치, 멘토링 등의 다양한 활동들을 했다. 영어회화학원도 다니고 전국 대학생들이 모이는 아카데미에도 참가했다. 같은 학교 사람들뿐만 아니라 다양한 학교, 직업의 사람들을 만났다. 대학교 때는 연예인처럼 하루, 한 달 스케줄이 항상 꽉 차 있었다.

나의 대학생의 8할은 서울대 축구부였다. 축구부는 개학하기 전인 2월부터 시즌을 준비하기 위해 울산으로 전지훈련을 떠난다. 2주 정도의 전지훈련이 끝나고 개학을 하면 유리그가 시작된다. 유리그는 3월부터 10월까지 풀리그로 진행이 되었다. 서울대 축구부는 축구만 하는 축구부 팀들과는 다르게 학교 수업을 다 들으면서 훈련하고 시합에 나갔다.

여름방학 때 유리그는 휴식기에 들어가고 대신 합숙훈련, 전국대회, 일본교류전이 있었다. 그러다보면 여름방학이 금방 지나갔고 개학하자마자 유리그 후반기에 돌입했다. 후반기에는유리그 외에 중국 대학교와도 교류전이 있다. 이렇게 축구부와 함께 대학생활을 하니 1년이 금방 지나갔다.

3학년 때부터는 ROTC 생활도 시작했다. ROTC는 Reserved Officer Training Cops의 약자로 학생군사교육단 이라는 뜻인데 대학교에서 초급장교를 양성하는 제도이다. ROTC는 대학교 3, 4학년 때 학기 중에는 군사학 수업을 듣고 방학 때는 군사훈련을 받는다. 여름방학, 겨울방학 2번씩 총 4번의 훈련을 받고 기간은 여름 4주, 겨울 2주이다. 마지막 훈련과 마지막 학기 때 임관종합평가를 보는데 이 시험에서 통과해야 장교가 된다.

3학년 때부터 축구부와 ROTC를 같이 하게 되어 쉬는 날이 없을 정도로 바빴고, 방학은 아예 없었다. 6월 중순에 여름방학 시작하고 7월 말까지는 축구부 일정이 있었는데 이것이 끝나자마자 바로 8월에 군사훈련을 받으러 갔다 오면 바로 개학이었다. 남들은 방학 때 국내든 해외든 여행 가서 즐긴 반면, 나는 같은 대학생인데 축구장과 논산 훈련소에서 시합을 뛰고 훈련을 받고 있었다.

그러다 보니 3학년 2학기 때부터 회의감이 들기 시작했다.

'나는 무엇을 위해서 이렇게 열심히, 바쁘게 사는 것일까? 이렇게 앞만 보고 빨리 달리는 것만이 과연 답일까?'

남들은 대학생의 특권을 누리며 유럽여행도 가는데 나는 해외여행 한 번 제대로 못 가보고 있었다. 대학생으로서의 자유도 누리지 못하고 졸업해서 군대 가고 사회에 나온다고 생각하니 끔찍했다. 그래서 나는 4학년 1학기까지 다니고 1년 휴학을 결단했다.

하지만 나는 학군단 후보생 신분이었기 때문에 다른 대학생들처럼 자유롭게 휴학할 수가 없었다. 1년을 휴학하기 위해서는 복수전공, 교환학생, 어학연수 등 공식적인 사유가 필요했다. 나는 어학연수를 사유로 해서 임관유예를 신청했다.

다른 대학 ROTC는 임관유예가 정상적인 제도인데도 불구하고 후보생들이 임관유예신청을 하면 통과시켜주지 않는 경우가 많다. 반면 서울대 ROTC는 후보생들의 삶을 존중해주었고 우리 동기들만 해도 절반이 임관유예를 했다. 이때 나는 '확실히 이래서 서울대가 다른 학교와는 다르구나. 눈에 보이는 것만이 아니라 이런 부분에서 학벌이 기회가 되는구나.'라는 것을 느꼈다.

1년 동안의 휴학기간 동안 나는 자유롭고 행복한 단 하루도 후회 없는 시간을 보냈다. 서울대가 아닌 다른 학교에 갔으면 누릴 수 없는 기회였다. 다른 학교에 가서 ROTC를 했으면 임관유예는커녕 남들처럼 바로 군대에 갔다가 전역을 해서 사회에 나왔을 것이다.

1년 휴학기간 동안 가장 기억에 남는 것은 65일 동안 혼자 떠났던 유럽 여행이었다. 출국부터 귀국까지 모든 것을 내가 다 기획했다. 65일 동안 갈 나라, 도시, 여행지, 여행코스, 숙박, 교통과 예산까지 4개월 동안 완벽한 계획을 짰다.

여행에서 가장 중요한 것은 '돈'이었다. 예산을 수립해보니 65일 동안 1,500만 원 정도의 돈이 필요했다. 이 돈을 마련하는 데 나에게 주어진 기간은 딱 네 달이었다. 이 많은 돈을 벌기 위해 내가 선택한 것은 공부법 코칭이었다. 평일, 주말 구분 없이 아침 9시부터 밤 12시까지 4개월 동안 하루도 쉬지 않고 일을 했다.

나는 4개월 고생해서 65일 동안 유럽을 즐길 예정이었다. 일하는 동안 단 한순간도 힘들다고 생각한 적이 없었다. 오히려 즐겁고 행복했다. 공부법 코칭을 하며 나를 보고 꿈과 희망을 가지고 변화하는 학생들을 보니 뿌듯했다. 유럽여행을 준비하고 공부법 코칭을 하는 과정에서 '작가, 강연가, 코치, 컨설턴트'라는 목표도 생겼다. 그리고 열심히 일한 끝에 목표했던 유럽여행자금 1,500만 원을 4개월 만에 벌었다.

4개월 동안 유럽여행을 준비한 나는 2014년 5월 27일부터 2014년 7월 30일까지, 65일 동안 유럽여행을 했다. 이 시기에 브라질 월드컵이 있어 축구를 좋아하는 나로서는 최고의 타이밍이었다. 65일 동안 11개국 40개 도시를 여행했다. 즐겁고 행복한, 후회와 아쉬움 따윈 없는 최고의 여행이었다. 멋지고 아름다운 곳을 많이 갔고 그곳에서 좋은 사람들도 많이 만났다. 학교, 운동장, 군사훈련소와 국내에서는 배울 수 없었던, 인생에서 중요하고 가치 있는 것들을 배웠다.

여행하면서 내가 공부해서 서울대학교 오기를 잘했다는 것을 느낀 적이 있었다. 로마 바티칸을 여행할 때 가이드 투어를 이용했는데 우리 그룹에 비슷한 또래의 대학생들이 있었다. 대학생이다 보니 여행 비용을 어떻게 마련했는지에 대한 이야기가 나왔다. 나는 그들과 직접 대화를 나누지는 않고 듣기만 했다.

그들은 CGV에서 알바를 해서 여행 경비를 마련했는데, 8개월 동안 700만 원 벌어서 40일을 여행하는 중이라고 했다. 나는 4개월 동안 일해서 1,500만 원 벌어서 65일 여행하는 중이었다. 저 친구들은 나보다 더 많은 시간을 일을 했음에도 적은 돈을 벌고 짧은 기간 여행하고 있었다. 나는 놀랐다.

'내가 한 일이 CGV 알바보다 낫다. CGV 알바는 안 좋다.' 이런 얘기를 하는 것이 아니다. 어떤 방법으로 돈을 벌든 여행을 오면 누구나 다 여행을 즐긴다. 다만 나는 '학벌이 주는 기회'가 존재하고 그 과정에서 차이가 있다는 것을 얘기하고 싶은 것이다. 이왕 여행 경비 마련할 것, 적은 시간 동안 더 많이 벌고, 더 많은 시간 즐기는 것이 훨씬 좋지 않은가?

대한민국에서 학벌이 기회가 될 수 있는 이유

돈이 많다고 해서 성공했다고, 행복한 삶을 산다고 할 수는 없다. 하지만 자본주의 사회에서 돈이 없으면 불편하고 그 불편이 지속되면 불행해진다. 우리가 겪는 어려움의 대부분은 돈 문제이다. 나 또한 돈 때문에 힘들어봤기에 누구보다 잘 안다.

이와 마찬가지로 학벌이 절대로 성공과 행복을 보장하지 않는다. 그럼에도 불구하고 왜 우리 부모님들은 자녀만큼은 좋은 대학을 보내려고 할까? 본인들이 사회생활을 하다 보니 학벌이 없는 것보다 있는 것이 훨씬 유리하다는 것을 느꼈기 때문이다.

다시 말하지만 학벌은 절대로 우리의 인생을 책임지지 않는다. 대학

합격은 아무것도 아니고 대학 합격 이후가 더 중요하다. 대학 졸업하고 사회에서의 삶이 진짜 인생의 시작이다. 아무리 학벌이 좋아도 사회에서 제대로 하지 못하면 학벌이 없는 것만 못하다.

하지만 학벌이 원하는 것을 얻기 위한 자유와 기회를 주는 것은 팩트다. 이것은 돈과 마찬가지로 부정하고 싶어도 부정할 수 없는 부분이다. 최고의 무기를 가지고 활용 못 하는 것과 최고의 무기가 애초에 없는 것은 차원이 다르다! 서울에서 부산을 간다면 걸어서 가는 것보다 KTX를 타고 가는 것이 훨씬 빠르고 편하다. 대한민국에서 학벌은 누가 뭐라고 해도 최고의 기회이다.

06 착각하지 마라, 학벌은 절대 없어지지 않는다

군대에서도 학벌은 존재한다

"14훈련대대 1번 후보생! 너 어디 학교야?"

"서울대학교입니다."

"서울대생이 사격을 왜 이렇게 못하나?"

나는 군사훈련 중에 다른 것은 잘했지만 유독 사격을 못했다. 실전사격을 하기 전에 영점사격이라는 것을 한다. 한 번 사격할 때 3발을 쏘는데 3발이 표적지의 원에 정확하게 들어가면 합격이다. 하지만 나는 영점사격을 5차까지 불합격 했다.

실전사격은 2차까지 불합격하고 3차에서 겨우 12발을 맞춰 합격했다.

내가 사격을 너무 못하니까 교관한테 많이 혼났다.

'서울대생이 왜 사격을 못 하냐!'

군사훈련 받으면서 '서울대'라는 이유로 많이 혼나기도 하고 무시도 받았다. '서울대생은 모든 것을 다 잘 해야 된다.'고 하면서도 '서울대생은 공부만 잘하고 이기적이다.'라는 이중적인 선입견이 있었다. 나는 축구 그만두고 공부할 때처럼 서울대생에 대한 편견을 깨주고 싶었다.

군대에서 체력 측정 하는 종목은 푸시업, 윗몸일으키기, 3km 달리기다. 이 중에서 3km 달리기는 특급을 받기 위해서 많은 노력이 필요하고 그만큼 반영비중도 제일 높다. 3km 달리기는 200여 명의 가까운 후보생들이 한 번에 진행하는 만큼 큰 행사에 속한다. 코스, 날씨, 안전 등을 고려해서 훈련기간 중 가장 적합한 날을 정해서 한다. 많은 후보생들은 3km 달리기에서 1등을 하려고 노력을 많이 한다.

사람들의 가장 큰 편견이 서울대생들은 공부만 하니 운동을 못한다는 것이었다. 그런데 나는 어릴 때부터 축구를 하면서 지구력이 강했다. 오래달리기를 하면서 뒤처져본 적이 없었다. 애초에 축구하면서 기른 지구력과 일반 학생들의 연습과는 비교가 안되었다. 나는 3km 달리기에서 뭔가를 보여주어야겠다고 생각했다.

전국의 후보생들이 자존심과 명예를 걸고 3km 출발선에 섰다. '땅!'하는 총성과 함께 200여 명의 후보생들이 달려나갔다. 치열한 경쟁 끝에 나는 300m를 남긴 지점에서 선두그룹에서 치고 나와 그 누구도 예상하지 못한 1등을 했다. 내가 1등을 하니 훈련대대장님과 교관들은 나에게 관심을 가지고 질문을 했다. 내가 서울대학교라고 하니 모두들 놀라고 의외라는 반응을 보였다.

3km 달리기 1등을 하니 우리 훈련대대 모든 사람들이 나를 알게 되었다. 3km 달리기 1등을 하는 것만으로 누구인지 궁금해했는데 '서울대'라고 하니 다들 더 놀랐다. 처음에는 나한테 아무런 관심도 없던 동기들이 나한테 먼저 다가오고 친해지자고 했다. 훈련대대에서 나를 모르는 사람은 없게 되었고 서울대생에 대한 편견을 깰 수 있었다.

나의 의지와 관계없이 서울대라는 타이틀은 졸업하고 입대하고 나서도 따라 다녔다. 초급장교 교육을 받으면서, 군생활 하면서 다른 사람들이 이렇게 말했다.

'너는 서울대니까 미래 걱정은 없겠다. 굶어죽지는 않겠네!'
'나가서 뭐라도 하겠지.'
'굳이 군생활 열심히 할 필요 없겠다.'

서울대생이라고 미래가 완벽하게 보장된 것이 아닌데도 그들은 당연하다는 듯 이야기했다. 군대에서의 경험만으로도 나는 학벌이라는 것은 절대로 없어질 수 없다는 것을 느꼈다.

나도 학벌로 사람을 평가하고 뽑는 것이 맞다고 생각하지 않는다. 학벌보다 더 좋은 객관적인 기준을 만들어 더 많은 사람들에게 기회를 주는 것이 당연히 옳다. 시대 흐름에 따라 SKY를 강조해온 입시 학원들조차도 요즘에 이 부분에 대해 조심스러운 편이다. 학벌이 없는 평등한 사회를 만들자고 주장하는 사람들도 많이 보인다.

하지만 학벌이 완화될 수 있을지는 몰라도 절대로 없어지지는 않는다. 역사적으로 봐도 형태만 바뀌었을 뿐 학벌은 어떤 형태로든 존재했다. 요즘에 회사에서 학벌을 덜 보는 추세라고 하지만 그래도 보는 곳이 더 많다. 내가 아는 회사 중에는 오직 SKY만 받는 곳도 있다.

그럼 회사에서 왜 SKY를 선호하는 것일까? 확실한 것은 SKY라는 타이틀 하나 때문에 SKY학생들을 뽑는 것이 아니라는 것이다. 회사에서는 이렇게 생각한다.

'이 사람은 10대 때 자신이 원하는 것을 얻기 위해 모든 것을 버리고 미치도록 노력해본 사람이구나. 학교에서 선생님 말씀 잘 듣고 하기 싫은 것도 참고 열심히 한 학생이구나.'

기업 오너 입장에서도 학벌을 보고 뽑는 것이 경제적으로 효율적이다. 서류에서 학교 타이틀로 거른 다음 면접에서 그 사람들 중에 더 괜찮은 사람들을 직원으로 뽑는 것이다. 물론 SKY보다 다른 학교 학생들이 더 성실하고 잘할 수도 있다. 하지만 회사는 '이윤 창출'을 목적으로 만든 곳이다. 신입사원을 뽑는 데에 많은 시간과 돈을 투자할 수 없다. 어차피 아무리 실력이 좋은 사람을 뽑아도 회사에 들어오면 처음부터 다시 가르쳐야 한다. 확률적으로 봤을 때 SKY 출신을 뽑아 가르치는 것이 낫다는 의미다.

사회적으로 성공하고 리더가 된 사람들 중에 SKY 출신의 비율이 높다

아무리 학벌이 중요하지 않다고 얘기를 해도 사회적으로 성공하고 리더가 된 사람들 중에서는 SKY출신들의 비율이 높다. 가장 쉽게 알 수 있는 곳이 연예계이다. 연예계는 학벌과는 전혀 상관없는 곳임에도 주요기획사 대표들의 학력을 보면 놀라운 사실을 알 수 있다. SM 엔터테인먼트 이수만서울대학교 농대, JYP 엔터테인먼트 박진영연세대학교 지질학, 안테나 뮤직 유희열서울대 음대, 빅히트 엔터테인먼트방탄소년단 소속사 방시혁서울대 미대, 미스틱 엔터테인먼트 윤종신연세대 국문학과. 그들은 현재 대한민국을 넘어 한류를 이끄는 소속사의 대표들이다. 유일하게 YG 엔터테인먼트 양현석 대표만이 고졸이다. 스타강사로 유명한 김미경 강사도 연세대학교 음대 출신이다. 요즘 TV에 너무나도 많이 나오고 대한민국 요식업

계를 잡고 있는 백종원 대표도 연세대학교 사회학과를 졸업했다.

그들은 자신의 분야에서 성공함에 있어 학벌의 직접적인 영향을 받지 않았다. 그럼에도 SKY생들이 사회 나가서도 성공하는 비율이 높다. 그 이유는 그들은 입시를 통해 성공하는 법을 배우고 성공하기 위해서 필요한 자질과 습관을 형성했기 때문이다. 분야가 다를 뿐이지 성공하는 원리는 어딜 가나 똑같다. 공부를 열심히 해서 명문대 가는 것이 그렇지 않은 것보다 성공함에 있어 확률이 높은 길임은 분명하다.

중요한 것은 목표 대학을 선정할 때 학과는 그렇게 중요하지 않다는 것이다. 이전에 언급한 사람들 중 자신의 분야와 학과가 직접적인 관련이 없는 사람들이 더 많다. 대학 가면 복수전공, 전과 등 다양한 방식으로 자신이 원하는 전공을 공부할 수 있다. 진로가 예상치 못한 방향으로 바뀌는 경우도 많다. 그렇기 때문에 학과를 기준으로 대학을 찾는 것보다 SKY를 목표로 하고 점수를 맞춰서 가는 게 더 낫다. 무엇보다 사회나 기업에서는 대학 타이틀을 보지 그 사람이 어떤 학과를 나왔는지는 보지 않는다.

그렇다고 성공한 사람이 되기 위해서, 원하는 삶을 살기 위해서는 꼭 SKY를 가야 하는 걸까? 아니다. SKY를 나오지 않고도 엄청난 성공을 한 사람들은 많다. 서태지, 비, 정주영 회장, 노무현 전 대통령 등이 대표적인 예다.

내가 직접적으로 아는 사람 중에도 그런 분이 있다. 그분은 수학 0점, IQ 89, 전문대를 졸업했음에도 백만장자가 되었고 지금은 많은 사람들의 롤 모델이다. 나의 성공 멘토인 한책협 김태광 대표이다. 김태광 대표는 어린 시절 지독한 가난, 아버지의 음독자살, 수천만 원의 빚, 수백 번의 출판사 거절 등 보통 사람은 상상할 수 없는 힘듦을 겪었다. 하지만 목숨 건 노력으로 지금은 그 누구도 비교할 수 없을 정도로 성공을 했다.

스펙이 없어도 누구나 성공할 수 있고 백만장자가 될 수 있다. 다만 똑같은 노력으로는 절대로 SKY를 이길 수 없다는 것이다. 고등학교 때 공부하는 것과는 차원이 다른 목숨 건 노력을 해야 학벌을 극복할 수가 있다. 그 길은 SKY를 나오는 길보다 더 힘들고 어렵고 고단하다.

어떤 길을 선택하든 정답은 없다. 모든 것은 본인에게 달려 있다. 하지만 학벌이 절대 없어지지 않는 것만은 꼭 기억해야 한다.

07 당신은 대체 무엇에 간절한가?

"성공한 사람이 극소수인 이유는 힘듦과 시련이 닥쳤을 때 그것을 참고 이겨내는 사람들이 극소수이기 때문이다. 단순히 방법과 노력이 문제되는 것이 아니다. 힘듦과 시련을 극복하는 힘은 간절함이다."

대학 졸업 전에 내가 꼭 듣고 싶었던 세미나가 있었다. 그 전에 3년 동안 듣고 싶다는 생각이 있었지만 시간과 비용 등의 문제로 듣지 못했다. 세미나 비용은 400~500만 원 가까이 되었다. 그렇게 시간이 흘러 졸업학기가 왔는데 졸업학기는 수업, 임관종합평가, 졸업실기 등으로 바쁜 시기였다. 엎친 데 덮친 격으로 집안도 경제적으로 어려운 시기였다.

그런데도 '지금이 아니면 이 세미나를 평생 못 들을 것 같다.'는 느낌이 왔다. 나는 돈을 모으기 위해 학교 스케줄 외의 모든 시간을 공부법 코칭 일에 썼다. 작은 돈도 아껴 모아야 했기에 밥도 학교식당을 이용하거나 가장 싼 도시락을 사먹었다. 차비를 아끼기 위해 집에서 학교까지 걸어 다녔다. 이때는 다른 것은 안 보이고 오직 돈을 모아야겠다는 절박함밖에 없었다. 나는 중요한 데다 바쁘고 힘든 졸업학기 시기에 4개월 만에 500만 원을 모았다.

임관종합평가와 졸업실기를 무사히 통과하고 졸업, 입대를 한 달 반 남겨둔 상태에서 나는 세미나를 들을 수 있었다. 세미나에는 대학교 때는 볼 수 없는, 다양한 직업과 연령대의 사람들이 왔다. 각자가 세미나를 듣게 된 사연도 다양했다. 입대 전에 학교에서는 할 수 없었던 경험을 한다는 것만으로도 설레었다.

3년 동안 간절히 기다린 세미나였고 돈도 힘들게 모았기에 세미나를 절대로 대충 들을 수 없었다. 입시 때처럼 예습-수업-복습을 철저히 했고 강사가 내주는 과제도 누구보다 열심히 했다. 어떤 때는 새벽 늦게까지 복습하고 과제를 하거나 아침 일찍 일어나서도 한 적도 있었다. 하지만 어떤 사람은 비싼 돈을 주고도 수업에 지각하거나 결석하기도 했다. 수업을 들을 때도 졸고 과제도 열심히 하지 않았다. 이때 아무리 비싼 돈

주고 최고의 방법을 배우러 와도 1%만 제대로 한다는 것을 느꼈다. 똑같은 방법과 조건이 주어져도 누구는 성공하고 누구는 실패를 하는 이유를 사회에서도 깨달은 것이다.

열심히 노력하는 자는 즐기는 자를, 즐기는 자는 절박한 자를 이기지 못한다

방법, 조건, 머리보다 중요한 것은 절박함이다. 열심히 노력하는 자는 즐기는 자를 이기지 못하고 즐기는 자는 절박한 자를 이기지 못한다. 그냥 한번 해보자고 온 사람과 이것 아니면 안 된다고 덤비는 사람의 결과는 차이가 날 수밖에 없다. 그냥 한번 해보자고 온 사람은 하다가 힘들면 대충하거나 쉽게 포기한다. 절박한 자는 자신의 모든 것을 버리고 목숨 걸어 하고 어떠한 힘들과 어려움이 있어도 버티며 사소한 것조차도 완벽하게 한다.

아무리 노력해도 결국엔 운이라고 하는 사람들이 있다. 하지만 그 운은 절박한 사람한테만 간다. 대충하고 포기하는 사람에게는 운이 가고 싶어도 갈 수가 없다. 그런 사람들에게는 운과 기회를 가져다 줘도 알아보지 못한다. 노력해도 안 된다고 하는 사람은 본인이 진짜 제대로 된 노력을 했는지를 다시 확인해봐야 한다. 좀 바쁘고 힘들게 무언가를 했다고만 해서 노력했다고 할 수 없다.

절박함을 실현시켜주는 것은 시각화와 상상이다

간절함, 절박함이 중요하지만 마음에만 담고 있는다고 이루어지지 않는다. 그것을 실현시켜줄 수 있는 방법이 필요한데 그 방법은 바로 '시각화, 상상'이다. 나는 이것을 고등학교 2학년 때 『시크릿』이라는 책을 통해 알게 되었다. 이 책은 '한 번뿐인 인생을 멋지게 보낼 수 있는 최고의 비밀'을 가르쳐주는 책이다. 그 비밀은 '끌어당김의 법칙'으로 '생각이 현실이 된다.'는 것이다. 즉 긍정적인 생각을 하면 긍정적인 것이 오고 부정적인 생각을 하면 부정적인 것이 온다.

원하는 것을 얻기 위해서는 원하는 것을 명확하게 하고 그것이 이루어지는 상상을 생생하게 해야 한다. 오직 되는 것만 생각하고 이루어질 수 있다는 믿음과 확신만 가져야 한다. 이것을 바탕으로 노력을 해야 결과가 나오는 것이다.

나는 서울대를 목표하고 나서 『시크릿』 책에서 배운 것을 그대로 적용했다. 인터넷에서 서울대 엠블럼과 입구 사진을 찾아서 인쇄를 해서 책상에 붙이고 다이어리에 넣어두었다. 나의 꿈, 목표와 버킷리스트를 A4에 정리해서 매일 아침, 밤마다 봤다. 사진을 붙이고 기록하는 것만으로도 이 방법의 효과는 있다.

하지만 나는 직접 가서 보고 느끼는 것만큼 강력한 것은 없다고 생각했다. TV나 인터넷으로 여행지를 보는 것과 직접 가서 보고 느끼는 것은 차원이 다르다. 나는 서울대 투어를 가서 서울대 정문에 서서 사진을 찍었다. 지나다니는 서울대생들이 이미 나라고 생각했다. 서울대 투어를 하며 직접 찍은 사진들을 책상에 붙이고 다이어리에 넣고 다니며 틈날 때마다 보면서 상상했다.

절박함을 실현하기 위한 또 다른 방법으로 나만의 좌우명과 각오를 만들었다. 어떠한 힘듦과 부정적인 말에도 흔들리거나 포기하지 않기 위해서! '오늘이 내 인생의 마지막 날이다.'를 나의 좌우명으로 만들었다. 좌우명과 함께 '나에게 주어진 하루하루, 매순간이 그 어떤 것보다 소중하다. 그렇기 때문에 현재 가장 옳고 중요한 한 가지, 서울대 합격에 내 모든 것을 건다.'라는 각오를 했다.

나는 그 누구보다 서울대 합격이 간절했고 이것을 위해서만 하루하루를 살았다. 서울대학교가 나의 목표라고 했을 때 모든 사람들이, 아버지조차도 무시하고 불가능한 일이라고 했다. 남들보다 노력을 많이 했는데 성적이 안 좋았던 적을 넘어 바닥으로 떨어진 적도 많았다.

하지만 나는 주위의 부정적인 말과 당장의 내 성적에 신경 쓰지 않았다. 그럴수록 나는 강해졌고 나를 확실하게 믿었다. 서울대 최종합격 발표 날까지 하루도 빠짐없이 '누가 뭐라고 하든 나는 무조건 서울대에 합격할 것이고 마지막에는 누구보다 멋지게 웃을 것이다.'라는 다짐을 했

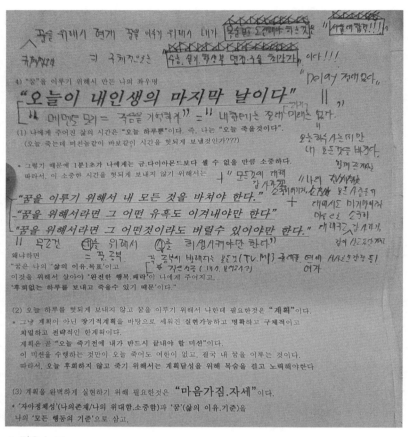

▲ 각오 노트

다. 그 결과 나는 '서울대학교 사범대학 체육교육과'에 합격을 하는 기적을 만들 수 있었다.

지금의 상황이 어떠하다는 것은 절대 중요하지 않다. 현재의 내신, 모의고사 성적이 낮다고 좌절하고 다른 사람들을 부러워할 필요 없다. 반대로 남들보다 성적이 조금 높다고 자만하거나 방심해서는 안 된다. 마지막에 어떠한 결과가 나올지는 그 누구도 알 수가 없다.

　중요한 것은 목표와 공부에 대해 얼마나 절박한가이다. 성공한 자와 실패한 자의 차이는 머리가 아니라 절박함과 노력의 차이다. 절박하지 않으면 어떠한 좋은 것을 알려준다고 해도 결과를 낼 수가 없게 된다. 절박함이 있으면 어떻게든 스스로가 방법을 찾아낸다. 어떠한 힘듦과 시련이 와도 타협하지 않고 절대 포기하지 않으며 될 때까지 버틴다. 이 절박함이 1%와 99%, 명문대 합격을 가르는 것이다.

　나는 어떠한 힘들고 어려운 상황이 와도 마지막까지 절대 포기하지 않고 나의 모든 것을 바쳐서 노력했다. 여러분도 이것이 아니면 안 된다는 절박함으로 절대 포기하지 않고 노력하면 서울대에 합격할 수 있다. 그래서 마지막에 최후의 승리자가 되어 여러분 스스로를 증명하면 된다. 서울대 합격은 머리가 아닌 간절함에 있다!

서울대 합격을 위한 골든 서클이 있다

이제 열심히 책상에 앉아서 공부만 한다고 성공하는 시대는 끝이났다. 전교1등, 수능만점이 서울대 가는 시대는 더더욱 아니다. 부모님 세대와 중학교 공부까지는 책상에만 열심히 앉아서 암기와 문제풀이 중심으로 공부하면 전교1등하고 명문대 합격할 수 있었다. 하지만 본격적인 입시가 시작되는 고등학교에서 이렇게 공부하면 노력에 배신을 당한다.

입시성공의 골든서클 - 명확한 목표, 제대로 된 방법, 목숨 건 노력!

현대 입시에서 성공하는 방법은 3가지다.

첫 번째, 명확한 목표다. 입시공부의 시작은 명확한 목표를 수립하는 것에 있다. 이젠 명확한 목표가 없으면 공부를 해서는, 아니 공부를 하는 것 자체가 불가능하다. 본인이 가고자 하는 목적지가 없는데 어떻게 차를 몰고 갈 수가 있겠는가? 본인이 가고자 하는 목표 대학과 학과를 정하고 해당 학과에서 본인에게 맞는 전형을 찾아야 한다. 그 전형 요소를 바탕으로 자신에게 맞는 입시전략을 수립을 해야 하는 것이다. 이 전략을 바탕으로 3년 동안의 계획과 로드맵이 나오게 되고 필요한 것 중심으로 공부를 할 수 있다.

두 번째, 제대로 된 방법이다. 목표가 명확하지만 그것을 이루기 위한 방법이 잘못되면 말 그대로 헛고생을 하게 된다. 나 또한 공부를 할 때 죽어라 공부를 했는데 성적이 안 나온 적이 한두 번이 아니었다. 처음에는 내가 노력이 부족한줄 알고 더 많은 시간을 투자해서 공부를 했지만 성적은 제자리였다. 그때 나는 노력이 아닌 '공부 방법'에 문제가 있다는 것을 깨달았다. 나는 다양한 정보수집 끝에 '성공하는 공부법'을 찾았다. 처음에는 전혀 해보지 않는 방법이라 시행착오가 많았고 그 과정에서 성적이 오히려 떨어지기도 했다. 하지만 나는 적응기간이라고 생각하며 꾸준히 공부를 해서 새로운 방법을 적용했다. 그러자 모의고사 성적이 향상되었고 전교 1등까지 했다. 노력의 강도와 양은 이전과 똑같았다. 시간이 지날수록 기본 공부법을 바탕으로 나만의 공부법까지 자연스럽게 만들어졌고 그 방법으로 나는 서울대 합격까지 할 수 있었다.

세 번째, 목숨 건 노력이다. 아무리 목표가 명확하고 최고의 방법이 주어져도 실천과 노력 없이는 절대로 결과가 나오지 않는다. 성공한 사람이 극소수이고 실패한 사람이 대부분인 이유는 바로 노력에 있다. 예전에는 정보가 갇혀 있어 방법이 결과를 좌우하기도 했지만 지금은 정보와 방법은 모두 오픈되어 있다. 오히려 너무 넘쳐서 문제가 될 정도다. 간절한 목표와 최고의 방법이 주어졌는데도 그것을 지속적으로 실천하고 제대로 노력하지 않아서 결과를 내지 못한 사람들을 수없이 봤다. 열심히 하는 것은 누구나 한다. 1만 시간의 법칙도 당연한 것이 되어버렸다. 적당히 노력하는 것으로 중간과 중간 이상은 갈 수 있을지 몰라도 최고가 될 수는 없다. 다른 것을 포기하고 모든 것을 하나의 목표에 집중하는 것은 기본이다. 남들과 차원이 다른 노력을 해야 한다. 그것을 측정할 수 있는 방법은 스스로가 지금하고 있는 노력을 나중에 다시 하라고 했을 때 할 수 없는 상태여야 한다. 대부분 사람들이 미련을 가지고 후회하는 이유는 적당히 노력했기 때문이다. 그러니까 항상 말한다.

'다시 하면 더 잘 할 수 있는데.'

하지만 한 분야의 최고가 된 사람들은 다르다. 그들은 하나같이 이렇게 말한다.

'그때 나의 모든 것을 바치고 노력한 스스로가 자랑스럽고 뿌듯하지만 그것을 다시 하라고 하면 죽어도 못한다.'

나 또한 마찬가지다. 나는 3년 동안 아무것도 하지 않고 책상에 가만히 앉아 있는 것만으로 서울대에 보내준다고 해도 절대로 다시는 입시공부를 못 한다. 차라리 죽으라고 하는 것이 더 빠를 정도이다. 그만큼 나는 그 시간들이 힘들고 고통스러웠고 스스로에게 한 치의 후회와 미련이 없다.

명확한 목표, 제대로 된 방법, 목숨 건 노력, 이 3가지면 누구나 서울대 합격할 수 있다. 나아가서 이 3가지는 입시뿐만 아니라 어떠한 분야에서 성공하는 핵심 원리이다. 이것을 전문적인 용어로 '골든 서클'이라고 부른다. 나는 입시공부를 통해 '골든 서클'을 스스로 배우고 깨달았고 내 몸에 장착이 되었다. 그 결과 서울대 합격은 물론이고 서울대생이 되고 나서도 나는 누구보다 성공적이고 행복하고 후회 없는 대학생활을 했다.

그리고 사회에 나와서도 '골든 서클'을 적용하며 더 큰 꿈을 꾸고 이루어

가는 중이다.